北京物流产业创新发展与政策

陆 华 著

中国财富出版社有限公司

图书在版编目（CIP）数据

北京物流产业创新发展与政策 / 陆华著 . —北京：中国财富出版社有限公司，2021.10

ISBN 978 - 7 - 5047 - 7348 - 7

Ⅰ. ①北… Ⅱ. ①陆… Ⅲ. ①物流—产业发展—研究—北京 Ⅳ. ①F259.271

中国版本图书馆 CIP 数据核字（2021）第 229778 号

策划编辑 赵雅馨　**责任编辑** 赵雅馨　**版权编辑** 武　玥
责任印制 荀　宁　**责任校对** 卓闪闪　**责任发行** 敬　东

出版发行 中国财富出版社有限公司
社　址 北京市丰台区南四环西路 188 号 5 区 20 楼　**邮政编码** 100070
电　话 010 - 52227588 转 2098（发行部）　010 - 52227588 转 321（总编室）
010 - 52227566（24 小时读者服务）　010 - 52227588 转 305（质检部）
网　址 http://www.cfpress.com.cn　**排　版** 宝蕾元
经　销 新华书店　**印　刷** 北京九州迅驰传媒文化有限公司
书　号 ISBN 978 - 7 - 5047 - 7348 - 7/F · 3367
开　本 710mm×1000mm　1/16　**版　次** 2025 年 8 月第 1 版
印　张 7.25　**印　次** 2025 年 8 月第 1 次印刷
字　数 122 千字　**定　价** 98.00 元

作者简介

陆华，1977 年 6 月出生，湖北洪湖人。北京物资学院副教授，硕士生导师，中国物流学会理事，毕业于北京交通大学并获博士学位，获荷兰 Erasmus University Rotterdam（鹿特丹伊拉斯姆斯大学）和武汉理工大学双硕士学位。在运输、物流与供应链管理、冷链物流等方面从事科研教学工作近 18 年，有丰富的教学和研究经验。发表论文 30 余篇，其中，核心期刊 10 余篇、SCI 1 篇（JCR 2 区），获中国物流与采购联合会科技进步一等奖 1 项，出版专著 2 部、教材 1 部。主持或参与项目共 24 项，其中，主持省部级项目 2 项。主持或参与项目包括“全球供应链重构及我国对策研究”“北京应急物流新体系构建研究”“西部陆海新通道广西物流业发展规划”“北京空港型物流枢纽规划”“通州末端配送体系规划研究”“雄安新区冷链物流规划”“京津冀产业协同发展下的物流设施布局优化研究”等。

前　言

物流业是融合运输、仓储、信息等产业的复合型现代服务业，是支撑国民经济发展的基础性、战略性产业。随着新兴技术迭代与流通体系的深刻变革，共享、融合、开放的时代趋势加速形成，物流业正处于发展动力转换的关键阶段。在城市生产消费格局深刻调整、基础设施网络持续完善、新一代信息技术加速发展的共同推动下，物流领域的创新探索已逐步启动。现代流通体系的痛点正越来越集中于中转和末端两大环节，而这两大环节的空间载体都是物流枢纽。因此，以城市为切入点优化物流枢纽布局，将成为构建现代物流体系、支撑新发展格局的重要着力点。

党的十九届五中全会明确提出加快构建以国内大循环为主体、国内国际双循环相互促进的新发展格局。这一战略部署要求必须打通国内生产、流通、分配到消费的各个环节，实现国内国际两个市场、两种资源的有效衔接。在此背景下，我国物流业发展将呈现双向化、多样化、数字化的新特征。在信息技术的有力支撑下，物流组织的数字化进程不容忽视。物流与制造业、消费端的融合将更加紧密，物流数据和科技正成为优化物流组织的重要力量。新发展格局还将对物流通道和物流枢纽布局产生根本性影响。改革开放以来形成的以沿海为主导的组织体系，将逐步演化为沿海与内陆、内陆与内陆的区域货物流向，进而推动物流枢纽功能与服务组织的变革。

北京作为“四个中心”战略定位的城市及空港型国家物流枢纽承载城市，不仅是我国对外合作交流的“第一国门”、“一带一路”建设与京津冀区域协同发展的重要战略支点，更是双向辐射国内外市场空间范围最广的核心航空枢纽节点。作为特大型城市，北京受到空间资源、交通承载、能源环境等现实制约，客观上要求物流业调整发展战略、优化产业结构、创新商业模式、加强区域联动、实现集约式发展。值得注意的是，北京物流领域尚未出现大范围、多样化、深层次的创新实践，物流创新对全社会物流效率提升的带动作用尚不显著，尚未成为北京物流产业发展的主要驱动力。

在新发展格局中，北京物流业需树立“创新、协调、绿色、开放、共享”的新发展理念，紧抓“京津冀协同发展”和“一带一路”建设等重大机遇，坚持“服务为先、有序疏解、创新驱动、绿色低碳”的发展思路，加强对物流创新发展的引导与支持，尽快构建以多元创新为动力的物流发展全新格局，助力我国从物流大国向物流强国迈进。作为空港型国家物流枢纽承载城市，北京应充分结合自身优势和特色，通过创新城市物流产业的空间布局、组织模式及服务业态，提升区域一体化发展水平，带动更多地区融入国内大循环。这一过程既能降低城市产业运行的物流成本、增强物流产业竞争力，又能进一步提升北京在全球资源配置中的地位和作用。同时，需以物流枢纽建设为契机，加快推进以首都为核心的世界级城市群建设，打造中国经济发展新的支撑带。

作者

2025 年 4 月

目 录

第一章

城市物流产业系统及组织

第一节　城市物流产业系统

一、城市物流的内涵

城市以及城市经济因社会生产力和商品经济的形成而兴起，二者既是生产力在空间上重要的存在形式，也是生产、分配、消费等社会再生产环节及各经济部门的空间集中表现形式。随着城市经济的不断发展，商品市场逐步成为城市经济运行的基础支撑。商品市场兴起后，实体商品在始发地与目的地之间的流转，催生出与城市经济相适配的城市物流体系。由此可见，城市经济是城市物流产生的必要条件，城市物流已成为城市经济的重要组成部分。

（一）城市物流的概念

城市物流是以服务城市生产生活为导向，通过整合高效基础设施网络、应用先进信息技术、完善政策支持平台、培育发达市场体系，在实现降低城市物流总成本、提升城市综合竞争力的同时，兼顾减少物流活动对交通、环境等领域负面影响的复合型服务系统。

城市物流的核心范畴是发生在城市市域范围内的物流活动。其运营主体为物流园区、配送中心等专业组织，具体表现为流动路径短、货量大、品类多、时效要求高、组织复杂度强等特征。伴随城市产业外迁、城市间商品交换频繁、城乡界限趋于淡化、城市规模扩大等发展趋势，物流需求结构呈现出生产需求主导地位逐步让位于生活与办公需求的转变，驱动城市内部物流的空间辐射范围与业务规模持续扩大。

城市物流是由各类企业物流活动有机整合而成的社会物流形态。作为社会物流合理化的基础支撑层面，其构建的核心要素涵盖交通运输、枢纽场站、仓储设施、信息服务，以及制造加工、商贸流通、城市空间等多元维度。城市物流系统通过整合各类企业物流系统，成为国家物流系统的有机组成单元，并通过建立高效协同机制，实现对政府部门、企业主体、居民群体间生产消费关系的动态调节，在达成供需平衡的同时，以高效、经济、合理的运作模式推动社会经济主体间的有机联动。

城市物流的意义在于优化资源配置、降低运营成本并提升运行效率。其覆盖的社会领域广泛，涵盖生产、流通、消费、金融等多个维度，城市物流介于宏观物流和微观物流、社会物流和企业物流之间，属于区域物流。城市物流规划服从区域经济发展需要，与区域经济协调发展，按照宏观性的城市物流系统规划来协调各个具体运行环节，旨在实现物流体系运行成本全面降低、物流配送效益提升以及物流管理体系健全的目标。加强城市物流基础设施建设、提升先进物流技术应用水平、提高城市货物流通效率，对赋能区域经济高质量发展具有重要意义。

（二）城市物流的特点

城市物流系统是依托城市地域空间，并受城市各类规划约束，最终实现城市商品流通最优化的物流系统。相较于一般意义上的物流，城市物流的系统边界还存在地域限制和城市属性等约束。城市物流的特点归纳起来有以下几点。

1. 城市物流属于区域物流

城市物流发生在城市内部范围。城市是一个空间区域，是生产、流通、消费的聚集地，也是机构、设施、商品、人员、信息等要素高度密集的场所。因此，城市物流可以理解为以城市为依托的区域物流。一般而言，有关区域物流的理论与政策，如区域物流在经济和社会发展中的地位与作用、区域物流的规划原则与方法、区域物流发展策略等也适用于城市物流。

2. 城市物流属于中观物流

城市物流介于微观物流与宏观物流之间。一方面，城市中大量的物流基础设施归属于物流企业；另一方面，汇入城市内的宏观物流通过城市物流分散成众多企业的微观物流，而企业输出的微观物流又必须依托城市物流汇聚才能转化为流出城市的宏观物流。

3. 城市物流主体多元化

城市物流经营主体包括城市范围内数量庞大的微观物流组织。这些专业化与非专业化的物流经营主体之间存在竞争与协作的关系，形成了复杂的物流市场竞争结构。另外，城市物流的行政主体也是多元化的，存在着城市物流行政主体之间的竞争与协作关系。

4. 城市物流密度高

物流密度是指物流设施、设备、业务、组织等在单位面积内存在的数量。城市物流的物流设施、设备、业务、组织等集中于城市内部范围。城市物流密度相对较高，这就对城市物流组织与管理提出了更科学、更系统、更严密的要求。

5. 城市物流制约因素多

在有限的城市空间内，高密度地分布着各种交通设施、商业旅游设施、文化体育设施、教育医疗设施、园林绿地、工厂、机关单位、居民住宅等建筑物与生产生活区域，同时还伴随着大量的人员流动。从某种意义上来讲，以上要素都是城市物流的“障碍物”，物流网点布局、物流路线选择、物流作业开展等都会受到这些“障碍物”的影响与制约。诸多制约城市物流发展的“障碍物”因素，使城市物流组织与管理的难度大于其他区域物流组织与管理的难度。

（三）城市物流与企业物流的区别和联系

城市物流是在统筹多种运输方式、城市用地规划、城市交通网络等的基础上，优化物流资源配置，使资源最大限度集成化，兼顾城市物流对社会、经济、金融以及能源的影响，使城市物流活动整体达到最优。它与企业物流之间既有诸多交叉之处，又存在明显差别。

一是涉及层面不同。城市物流属于中观物流。规划城市物流，需要系统地从城市经济整体发展和未来战略视角出发，兼顾城市物流与城市经济发展、科学技术进步、消费结构转变、环境保护、国际贸易形势等因素的相互影响。企业物流属于微观物流，是微观物流活动的典型领域，从企业角度进行研究即可。

二是管理范围不同。城市物流具有宽广性，应从全局性、区域性、国际性等方面考虑城市物流发展，要考虑城市物流与本地区、全国乃至全世界的关系。同时，城市物流管理工作是一项规模庞大、复杂度高的系统工程。企业物流考虑的范围局限在企业内部以及企业间的物流活动，分为企业供应物流、生产物流、销售物流、逆向物流等。

三是战略高度不同。城市物流立足城市及区域经济发展，需要具备前瞻性，运用长远战略眼光对待物流发展规划、物流法律法规建设、物流方针政策制定、物流规范及标准化建设、物流基础设施布局、物流产业结构优化等基础性工作。企业物流战略是根据外部环境和企业自身特性，以实现物流可持续性为核心，制定长远性、全局性的规划。

四是目标不同。城市物流发展的目标是综合考虑城市经济发展、产业布局、交通设施等宏观因素，合理规划物流节点及通道设施，完善物流政策、物流标准、信息平台等物流支撑要素，引领带动城市规划、土地开发、产业布局等未来发展。企业物流发展的目标一般有三个。①降低企业在物流活动中的成本，将与运输和储存有关的可变成本降到最低。②在保障服务水平的前提下，使物流系统的直接投资最小化。③通过高效快捷的物流提高客户服务水平，并获得企业的差异化竞争优势。

城市物流与企业物流密不可分，两者相辅相成、相互依赖。城市物流为企业物流提供良好的环境和条件，使企业物流顺利发展。在激烈的市场竞争中，企业物流的无序性和盲目性促使政府重视城市物流的规范化推动工作，并且需要行业组织在企业和政府之间发挥承上启下的协调和衔接作用。

二、城市物流产业的内涵

随着社会经济的持续发展以及社会分工的不断深化，物流产业必然产生并逐渐发展兴起，同时这也是现代产业演进与升级的结果。物流业贯穿第一、第二、第三产业，作为连接生产与供应、销售的中间环节，衔接生产与消费，为消费者提供更快捷、更便利的商品传递及其他服务，同时在企业日常生产过程中起着不可替代的基础保障作用。随着物联网、5G、大数据、区块链、人工智能等技术的发展，城市物流业正经历着智慧化、科技化变革和创新，已成为支撑和引领制造业、商贸业、电子商务等新型业态发展的重要力量。

现代物流产业如图 1-1 所示。随着现代信息技术和互联网的广泛应用，运输、仓储及流通加工等物流各环节产生的信息能够被及时获取并反馈。企业可以通过信息的获取、处理与控制，整合分散的物流资源，提升专业化物流服务能力，并通过改变产权关系实施资产重组，推动物流功能优化及产业再造。

（一）城市物流产业的界定

城市物流产业是以提供工业生产及居民生活消费所需的物流服务为核心目标，由各类专业物流企业及服务组织组成的产业集群网络。具体包括运输、

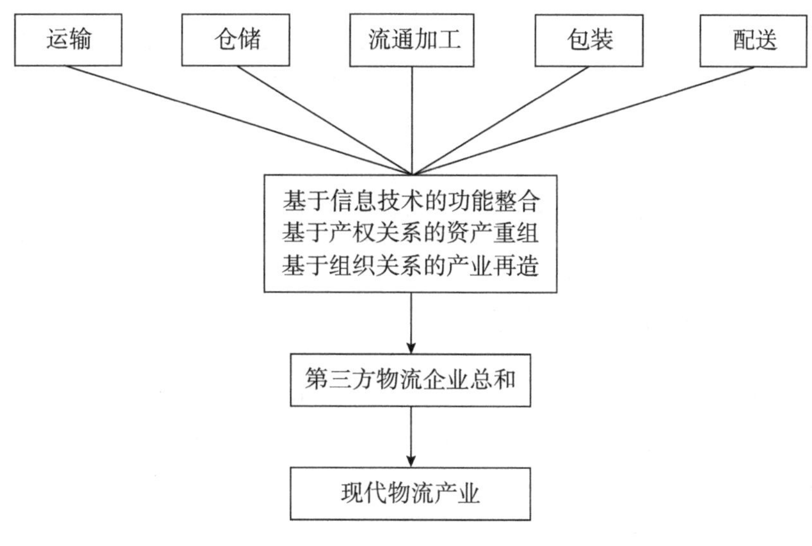

图 1-1　现代物流产业

仓储、装卸搬运、流通加工、配送、第三方物流、第四方物流等物流企业，以及物流基础设施运营商、物流信息平台服务商、物流配套服务组织机构。各类物流企业及其配套服务组织机构在城市物流产业网络中，保持长期稳定的合作分工关系，进而产生集聚，占据一定的城市资源空间，在城市物流运作管理方面承担一定的服务职能。各类物流企业通过节点互相连接，构建起纵横交叉的价值链网络，依托物流、资金流、信息流的交换，推动城市物流的专业化发展。

城市物流产业系统遵循产业集群和供需平衡发展规律，以物流产业价值链为桥梁，实现各类物流基础设施、服务运作、信息平台、配套服务企业及政府管理机构等要素的集聚，强化区位、技术、市场之间的紧密联系，形成专业化分工协作体系，有效整合物流资源，使其与产业链一体化运转。城市物流产业集群生态系统组成如表 1-1 所示。

表 1-1　城市物流产业集群生态系统组成

组成要素	要素内容
基础设施	物流节点设施、物流通道设施
企业	城市物流产业中直接、间接相关的企业或组织，包括运输、仓储、配送、包装、流通加工、信息服务等类型的企业

续 表

组成要素	要素内容
价值关联	城市物流链、供应链、价值链
空间特征	各类物流要素集聚在城市物流园区、工业园区等特定空间
产业价值	主动适应城市发展环境，而且能促进城市经济发展

（二）城市物流产业体系构成

城市物流产业体系是一个复杂的大系统，由多元化要素构成。综合考虑社会物流产业各方面因素，可以将城市物流产业体系的层次框架描述为一种金字塔结构（见图 1-2）。

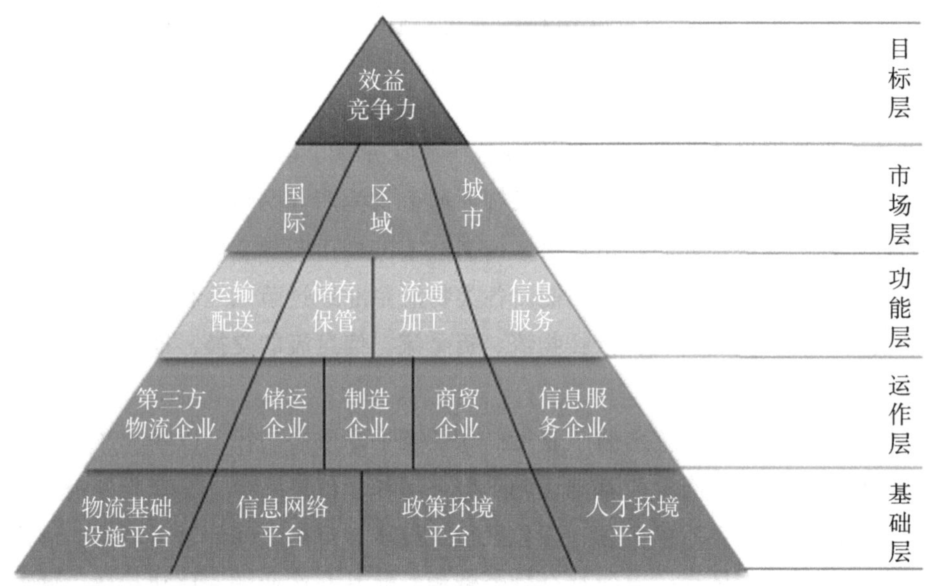

图 1-2　城市物流产业体系的层次框架

（三）城市物流产业与城市经济发展

城市物流产业发展的核心，绝非局限于依据城市经济水平、产业布局和交通设施现状，简单规划新建物流节点与集疏运通道，或通过出台支持性政策集聚物流企业。更为关键的是，需将物流设施、通道等相关要素提升至引领重构城市规划、经济发展、土地开发、产业布局的战略高度，实现物流设施与交通设施、产业园区之间，物流政策与产业政策、经济政策之间，以及物流发展与重点产业、重点企业之间的深度融合，做好物流软件系统与城市硬件系统的配套工作，引领社会经济高质量发展。

1. 集聚物流要素，提高规模经济效益

（1）有效发挥集聚效应。城市物流作为区域物流网络的重要节点，具有要素集聚能力，并形成对周边区域物流要素的集聚效应。集聚效应的核心是形成功能和服务要素双重集聚发展格局。

（2）逐步形成规模效应。一是基于城市物流要素的集聚，将在城市中形成各种类型、各个环节的物流规模化运作，从而形成集聚枢纽的规模效应；二是基于集聚枢纽的规模效应，将推动物流服务一体化发展和更大范围的物流资源整合，形成区域性的规模效应。

（3）培育形成供应链集成效应。城市物流产业规模效应的形成，将为城市制造业、商贸业的物流活动创造规模化运作空间并降低成本，同时使物流企业得以提供涵盖多环节、多模式集成的供应链服务。这一进程将有效推动第三方物流企业数量增长和经营规模扩张，进而培育形成制造业物流规模化运作、成本有效下降和竞争力持续提升的供应链集成效应。

2. 城市物流产业带动经济发展模式创新

（1）物流产业升级和供应链创新，推动生产力发展。城市高端产业和物流要素蕴含着物流与供应链发展的创新动力，将促进城市物流运作降本增效、整合区域物流资源、优化供应链服务，从而推动城市产业转型升级。

（2）发挥引领作用，带动周边区域经济发展。随着物流枢纽经济规模和辐射范围的不断扩张，其能级逐步提升，并以不断激发的创新能力强有力地影响产业持续的先进性，进而对周边产业升级发挥引领作用，提升区域产业的整体竞争力。

（3）培育形成区域现代物流服务新体系。整合现有存量资源、引入优质增量资源，不断强化城市物流枢纽经济带动辐射能力和产业支撑能力，使国家物流枢纽间实现互联互通，形成区域现代物流服务新体系，集聚发展各种产业要素。

三、城市物流产业发展的要素分析

（一）环境要素

1. 国家战略

我国物流业的发展深度融入国家战略体系：在“一带一路”倡议中，中欧班列协同发展、物流企业国际布局等，推动物流业成为开放共享战略的引领支撑；区域一体化发展战略下，通过打破行政壁垒、优化区域产业分工，促进物流要素自由流动；国家物流枢纽战略通过布局智慧物流基础设施、深化5G与人工智能技术应用，实现与制造业、商贸业的跨界融合，并服务于国家重大区域战略；智慧物流战略依托大数据、物联网技术推动产业数字化转型；绿色物流战略聚焦节能减排与包装污染治理，在电商与外卖行业快速发展背景下，推动物流产业向绿色可持续方向升级。这些战略从国际化、区域协同、基础设施、技术创新、绿色发展等维度协同发力，共同构建起支撑经济高质量发展的现代物流体系。

2. 城市发展战略

城市发展战略是对城市经济、社会、环境的发展所作的全局性、长期性、连续性规划，从宏观层面上把握城市发展的定性、定位、定向，是城市管理中具有全局性、方向性的纲领与指南。城市物流发展战略是城市发展战略的重要组成部分，并受到城市发展战略的指导和影响。

近年来，我国从国家层面高度重视以城市为物流枢纽的全国物流网络构建。2019年，23个物流枢纽城市入选2019年国家物流枢纽建设名单；2020年，又有22个物流枢纽城市入选2020年国家物流枢纽建设名单。国家物流枢纽城市是指在国际物流大通道网络和全球供应链体系中承担关键功能的中心城市，通过将物流枢纽规划深度融入城市发展战略，打造具有完备区域性组织中心功能的物流活动场所，实现货物集散、整理、存储、分拨、运输、配送等多种功能的物流设施群和物流企业集聚，推进物流枢纽城市在全球范围产业合作以及在区域协作中的集聚和辐射作用，成为全球供应链网络中辐射区域更广、集聚效应更强、服务功能更优、运行效率更高的综合性物流枢纽。

3. 地理区位

地理区位条件因素对物流的发展起到制约作用。物流企业应将区位优势

（原材料优势、劳动力优势、信息技术优势、市场优势等）作为企业选址时主要考虑的因素。因此，在某些具有明显区位优势的区域集聚了大量的物流企业。这种充分利用区位优势而形成的城市物流发展模式被称为区位优势导向型模式。常见的城市物流发展模式有枢纽型、港口型、铁路枢纽型和经济开发区型等区位类型（见表1-2）。

表1-2　常见的城市物流发展模式

区位类型	适宜的城市物流发展模式
交通枢纽型	按照区域经济支柱产业的标准，对城市物流进行规划和发展
港口型	采用“以港兴市”的战略，围绕港口对城市物流进行规划
铁路枢纽型	发挥铁路上的区位优势
经济开发区型	为外资企业提供准时、快捷、高质量的现代物流服务

4. 产业基础

（1）城市物流需求结构调整。

工业物流需求贡献率进一步趋缓。尽管工业品物流总额增速有所放缓，但其在社会物流总需求中仍占有较大比重，且增速已从快速增长期逐步回落至平稳区间。从需求结构看，物流对高新制造业的支撑作用持续增强，有力推动着产业结构调整与优化。

新业态新模式正成为城市物流发展新动能。城市居民物流总额保持较快增长态势，以新产业、新业态、新模式为表现形态的新动能正快速发展，持续集聚壮大，为物流需求结构调整提供了重要支撑。

（2）物流市场主体规模扩大。

物流企业数量快速增长，市场规模持续扩大。同时，物流业吸纳就业能力不断增强，从业人员数量快速增长。从物流业景气指数来看，社会物流活动比较活跃，企业物流业务量增长态势良好，物流供需平衡度较高，物流服务价格较平稳。

（3）物流产业政策趋于完善。

物流产业政策持续引导行业发展方向，顺应市场需求，改善物流营商环境。近年来，物流产业政策在针对性、前瞻性等方面都有所提升，政策体系趋于完善。政策数量方面，相关物流政策出台频率密集，促进物流业高质量健康发展；政策分布方面，关注物流降本增效、现代供应链创新等重点、热点问题的政策数量占较大比重，较好地延续了物流产业政策方向，更好地支撑产业实现转型升级，推动物流企业良性发展。

（二）产业要素

1. 基础设施

城市物流基础设施是城市物流系统的核心组成部分，为城市物流系统正常运行起到基础支撑作用，其质量与运行效率对城市物流系统安全起到关键影响作用。同时，其在降低能源消耗、减少环境污染、优化物流作业水平、提升物流效率等方面也具有重要意义。城市物流基础设施主要包括城市物流节点、物流通道、物流设备与工具。

2. 市场主体

城市物流市场可概括为以货币为媒介，城市内部物流资源与产品的所有需求和供给关系的总和。其功能主要是优化物流各类资源和要素的配置，并且政府能够通过城市物流市场对各类物流活动进行宏观调控和监督。城市物流市场主体包括物流服务供给者、物流服务需求者以及市场监管者。

3. 城市物流需求

城市物流需求是指在一定时间范围内，城市内企业与消费者等各类客户有支付能力且愿意购买的有效物流服务需求总和。从需求主体类别看，主要分为两类：一是制造企业的物流产业需求，涵盖采购物流、生产物流、销售物流、逆向物流等细分环节；二是商贸流通企业与城市居民的物流需求，包括商品运输、储存、流通加工、包装、配送等基础服务。此外，随着产业升级，一体化物流服务、供应链金融、物流设备租赁、物流信息服务等增值需求也逐步拓展。当前，经济发展进入新常态，高质量发展推动经济结构转型，制造业升级带动配套供应链物流需求持续增长；同时，城市规模与居民消费需求扩张，电商、快递、冷链等与生活消费紧密相关的物流需求正以迅猛态势发展，成为城市物流市场的重要增长点。

4. 服务结构

城市物流服务结构与城市物流需求类型紧密联系。而城市物流需求结构直接取决于城市产业结构，两者之间的联系既包括城市物流与制造业间的关联，也包括城市物流与城市商贸业、现代农业等产业间的关联。就城市物流与制造业的关联而言，制造业产生的物流需求促进城市物流产业发展壮大；反之，城市物流产业通过高效的供应链管理优化制造业工艺流程，降低制造业物流成本，提升企业竞争力。此外，城市化的发展进程吸引大量人口在城市聚集，城市居民快速增长的消费流通需求为城市商贸业繁荣发展提供需求动力，同时也促进城市物流产业集群生态系统发展。

技术创新与商业模式升级正推动城市物流服务结构加速转型。早期，我国城市物流规划多以工业为核心展开；而后逐渐转向聚焦城市商业生活，围绕商业需求构建物流体系。随着新技术与新商业模式不断涌现，城市物流需求发生深刻变革，带动即时配送、新型商贸物流等业务规模呈指数级增长。这类物流服务不仅业务量庞大，且对时效性要求极高，服务范围覆盖城市众多生活区与商业区，给城市交通系统带来显著压力。在此背景下，城市物流服务结构被迫加速迭代升级。

第二节　城市物流产业组织

一、城市物流网络

（一）对外辐射网络

城市物流对外辐射网络是指城市辐射范围内的物流节点及物流通道进行有机结合，构建起一种物流经济活动的空间组织形态，作为集聚、流通、扩散各类经济要素的平台。城市物流的对外辐射作用，主要是货运枢纽（物流园区）这项要素起到了关键性作用。近年来，推进物流大通道建设、完善城市对外运输通道、科学布局对外辐射的物流枢纽城市已经成为城市物流构建对外辐射网络的重要任务。根据辐射范围的大小，城市物流转型的方向可以分为以下五类：第一类是向物流节点城市转变，第二类是向区域型国家物流枢纽城市转变，第三类是向国家物流枢纽城市转变，第四类是向国际型国家物流枢纽城市转变，第五类是向兼容型物流枢纽城市转变。

（二）城乡物流服务网络

城乡物流服务网络指的是城市与农村之间物资流通过程中相互联系的组织和设施的集合。从实体经济的角度而言，城市物流服务网络保障社会物资顺畅流转，具有城乡经济融通的服务功能，是城乡经济一体化发展的重要载体。同时，城乡物流服务网络也实现了城乡电子商务市场的连通，围绕“工业品下乡”和“农产品进城”，无缝对接城乡供需双方，利用互联网整合零散物流资源，提升城乡商品流通质量。

城乡物流服务网络的建设任务如下所示。一是健全农村物流服务网络体系。当前乡村配送密度与城乡商品贸易实际需求量存在结构性矛盾，核心原因在于农村物流基础设施缺乏整体科学规划，尚未形成网络规模效应。地方政府需强化农村物流基础设施的网络规划和统筹建设，整合邮政、供销、交通等现有物流资源，完善末端配送设施，畅通城乡贸易双向流通渠道。二是完善农产品物流基础设施建设。随着供给侧结构性改革的深入推进，作为农产品消耗大国，我国农产品供给侧结构性改革和品质提升的任务被提上日程。加快现代化农产品物流基础设施建设，有助于农产品在流通环节中的品质得到保障。同时，鼓励相关企业完善农产品产地集配中心、农产品冷链仓储以及配送设施，针对重要农产品建立追溯体系，提升农产品物流服务水平。三是推进城乡物流服务一体化。城乡物流服务一体化的目标是将物流各环节主体，即分布于城乡间供应商、制造商、零售商、第三方物流等，连接成紧密合作的功能网络，通过上下游企业的资源整合，引导鼓励企业提供集约化物流服务，形成“设施共享、信息互通”的城乡一体化物流服务。

（三）城市配送网络

城市配送是指发生在城市内部，利用货运配送车辆，按照实际需求对城市建设物资、居民消费商品、邮政快递包裹、废弃物等物品开展流通加工、包装、分配、组装等作业，在约定时间内送达目的地的物流活动。城市配送对于支撑城市居民生产生活具有重要作用，具有少批量、多频次、短距离、个性化、重时效的特点。

国家发展改革委、交通运输部在《关于进一步降低物流成本的实施意见》中提出，要完善以综合物流中心、公共配送中心、末端配送网点为支撑的三级配送网络，并优化城市配送车辆通行停靠管理。具体布局与功能如下：第一层级的重点在于依托机场、高速公路、火车站、港口等区域规划建设一级综合物流集散分拨中心，加强干线运输与城市配送的有效衔接。第二层级则是鼓励物流企业加强协作，改造、建设城市公共配送中心，实现一体化的共同配送节点布局合理、衔接顺畅、高效运作。第三层级通过在社区便利店、物业管理中心、办公楼自助服务中心等建设末端共同配送节点或智能快递柜，满足社区、学校、商务等区域消费者需求，实现“网购店（柜）取”，鼓励商贸流通企业和连锁超市等开展共同配送，提高配送效率。

二、城市物流业态

（一）传统业态

1. 运输服务

运输服务业作为连通生产、贸易、消费等环节的纽带，涵盖空运、海运、铁路运输等多个重要细分领域。就城市物流而言，运输距离较短，运输方式以直线、零担、联合及中转运输为主，主要实现产品转移和产品暂时储存两大功能。物流运输过程中需要时刻关注的两大核心要点是成本低和运速快，确保货物按时完整地运送至目的地。

随着“互联网+”与物联网技术的深度渗透，作为城市物流运输服务核心板块的运输服务业，正加速摆脱传统模式束缚，依托智能化、数字化技术持续提升运输效率、降低成本并释放人力效能。在此背景下，运输服务业未来将呈现以下发展趋势。

（1）运输市场资源整合加速。

龙头企业通过兼并、重组、收购、控股等方式组建大型企业集团，布局连锁直营网络与区域分拨配送中心；中小型企业则通过联盟、联合等形式实现资源优化配置，推动行业集中度提升。

（2）运输智能化进程提速。

智慧公路等新型基础设施建设试点启动，5G、人工智能等前沿技术与运输场景深度融合，同步加快自动驾驶技术研发与测试体系建设，为运输智能化奠定技术基础。

（3）依托公共信息平台破解信息不对称。

企业借助网络信息技术整合运力与货源，构建货运信息平台，并以统一信息交换标准接入国家交通运输物流公共信息平台，推动信息互联互通。

（4）运输数据实现实时可视化。

企业通过建设物流信息管理系统扩大数字化覆盖范围，运用物联网等技术对货物运输全流程进行跟踪，实时获取货物位置、数量、运送时间、路线、交货点等信息，为决策层提供精准数据支撑。

（5）运输组织模式和装备绿色化。

国家多项有关运输行业的政策文件中提到尽快推进运输配送绿色化工程建设。《交通强国建设纲要》提出打造绿色高效的现代物流系统，推广新能源、清洁能源、环保型交通装备。《推进运输结构调整三年行动计划（2018—2020年）》鼓励邮政快递企业、城市配送企业创新统一配送、集中配送、共同配送、夜间配送等集约化运输组织模式。《关于加快道路货运行业转型升级促进高质量发展的意见》倡导加快道路运输组织模式创新，积极稳妥淘汰老旧柴油货车，推广应用先进货运车型。

2. 仓储服务

仓储业作为现代物流的核心组成部分，是国民经济中具有基础性、公共性等特征的产业。对于流通领域而言，仓储业承担控制库存、保障流通的职能，连接商流、物流、信息流，实现融合发展。从供应链视角出发，仓储在供应链中连接线上线下业务，是供应链中的核心环节。

从盈利模式来看，传统仓储业以仓储租赁服务为主，增值服务为辅，主营业务分为储存和简单加工业务、配套增值服务、金融租赁服务三个部分。随着消费模式转型升级，传统的仓储服务已经不能满足客户的需求。近年来，我国仓储业发展呈现如下特点。

一是各类专业仓储迅速发展。低温仓储方面，政府加大冷链产业支持力度，推进传统冷库向低温配送中心转型，农产品批发市场、商超低温配送中心成为行业发展新热点；电商仓储方面，电商企业加快自建仓储设施，传统物流企业与快递企业尝试跨界开拓电商仓储服务；医药仓储方面，相关政府部门联合颁布医药仓储物流规范化文件，助力医药现代物流体系建设。

二是进行全方位库存整合。纵向整合方面，生产、批发、零售等环节的库存整合，可以减少商品在各级仓库之间的流转次数，加快商品流通。横向整合方面，企业共同规划仓库布局，避免各自建设仓库、管理库存造成的资源浪费，实现集中仓储与共同配送，提高仓库利用率和规模效益。

三是线上线下共享仓储资源。随着经济发展进入新常态，助力电商物流发展的仓储资源、商品库存线上线下共享模式成为仓储行业新趋势。为满足线上线下物流需求，仓储企业整合社会仓储资源，完善仓储配送网络，支撑构建“仓配一体化”的网络体系。

四是实现仓储智能化、信息化。应用仓储管理信息系统、物联网和移动互联网技术，可以实现仓储智能化管理。企业通过构建基于云计算、大数据等技术的仓储互联网平台中央数据库，可以实现仓储资源与库存信息共享。

五是发展应用绿色仓储技术。绿色仓储技术重点围绕仓库发电和照明节能系统、低能耗制冷和制热系统、绿色包装等方面进行技术创新和推广应用。同时，绿色仓储技术的创新与应用与城市共同配送、托盘循环共用、商贸物流标准化工作相结合，可创造更多社会效益和经济效益。

3. 第三方物流

我国将发展第三方物流视为物流业发展的重要任务，《物流业发展中长期规划（2014—2020 年）》提出大力发展第三方物流。随后发布的《第三方信息服务平台案例指引》《商务部关于促进商贸物流发展的实施意见》等文件更是为第三方物流发展作出了明确指导。在市场空间巨大、政策环境良好的大背景下，我国第三方物流呈现出以下发展趋势。

一是第三方物流企业加强创新能力。管理体制方面，传统物流企业推进完善公司治理结构工作，具体通过资产重组、合资合作、股份制改造等方式实现；组织结构方面，构建扁平化的物流组织结构，利用信息平台实现快速反应，达成过程化管理和决策权前移的目标；服务内容方面，发展各类物流增值服务，将单一物流功能服务，拓宽至基于核心业务的物流一体化方案服务。

二是第三方物流企业进行资源整合。第三方物流企业利用信息技术，对运输、仓储、装卸搬运、流通加工、包装、配送等基本物流功能进行系统整合及一体化运作，以此实现降本增效，提升核心竞争力。

三是信息化系统应用比例提升。广泛应用现代信息技术，降低了物流过程中的交易与资源整合成本，提升服务响应速度，有效解决物流数据采集、录入、处理、传输等问题。

四是第三方物流深化与工商业的联动。制造业方面，第三方物流资源向生产服务型国家物流枢纽集聚，加速生产制造与物流服务集群化协同。第三方物流企业加快发展高质量专业化定制物流，为制造企业量身打造线边物流、供应链管理库存、供应链一体化服务等物流解决方案；商贸业方面，开展供应商管理库存、准时配送等高端智能化服务，提升第三方物流服务水平。

4. 物流节点

依据物流节点设施在区域物流枢纽内地位、功能、作用的区别，可以将其分为四个层次：物流园区、物流中心、配送中心及货运场站。在一定区域范围内，处于不同层级的物流节点设施在数量、选址、规模、辐射能级和功能作用等方面存在差异化现象。一般而言，位于较高层级的节点数量越少、选址工作越复杂、规模越大、辐射能级越广泛、发挥功能越全面，但是也存在例外现象。区域物流枢纽与物流节点的层次关系如图 1-3 所示。

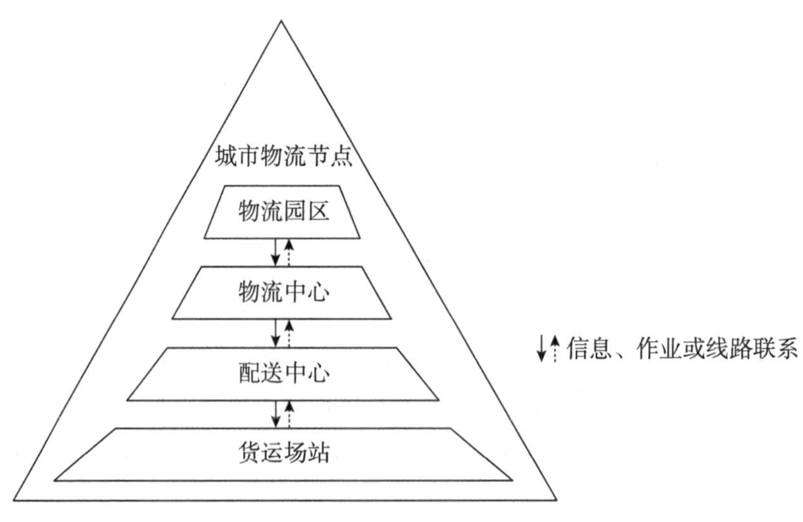

图 1-3　区域物流枢纽与物流节点的层次关系

（二）创新业态

1. 物流服务平台

物流服务平台是核心企业整合上下游供应商的一体化运营平台，通过为客户提供全流程服务，按服务对象可分为以下类型。

一是专线平台。专线运输企业以单条或少数几条运输线路为主营业务。专线平台通过引入货源、提供资金支持、提升运营能力及对接资本等方式，在保留原有利益相关者收益的基础上，增强专线运输的生存能力与竞争力。

二是同城车货匹配平台。同城配送市场规模已达万亿元级别，参与主体丰富且区域差异显著。按服务对象可分为两类。消费端服务平台：代表企业如货拉拉、快狗打车，主要为消费者提供即时拉货、搬家等单次需求服务。商务端服务平台：代表企业如凯东源（专注仓配）、唯捷城配（仓配服务）、驹马（资源管理），聚焦企业级物流需求。

三是仓储租赁平台。仓储租赁平台位于物流地产下游，可分为两类。综合类平台：如58同城，仓储交易仅为其主要板块之一，主要提供信息撮合服务。垂直类平台：如库房无忧、易代储，除基础租赁外，还提供仓储改造等定制化服务。

四是物流科技平台。物流科技平台以技术驱动为核心。例如，中交兴路依托北斗系统为物流企业提供轨迹数据，是纯粹的物流数据平台。

五是电商物流平台。国内电商平台（如淘宝、京东、拼多多等）在匹配买卖双方交易需求的过程中，催生了专业物流服务。典型代表如菜鸟网络，作为独立于电商的物流平台，整合物流资源以支撑电商交易。

六是供应链服务云平台。平台以城市物流系统为载体，整合制造业供应链上下游的采购、物流、销售、售后四大业务体系，通过存储、处理、发布物流信息提供决策支持，推动业务流程协同，构建企业联盟，实现物流信息共享与系统高效运行。

2. 电商物流

根据不同电商企业的运营模式，电商物流可以分为如下几种模式。

一是平台整合物流资源模式。依托智慧物流平台，通过搭建智慧物流骨干网，全面整合社会物流资源。

二是平台自建物流体系模式。在全国范围内，以投资自建的方式，构建物流基础设施平台，并利用自有物流技术装备对接电商平台。

三是电商物流服务外包模式。目前，这一模式在电商平台的应用较为普遍。

四是即时配送模式。即时配送模式不经仓储节点周转，实现点对点配送物流服务。该模式的关键是配送调度与管理平台的智能化实现。

3. 物流金融

物流金融属于创新型第三方物流服务产品。物流金融一方面能够为中小微物流企业提供资金支持，另一方面还可以提高企业闲置资源利用率，解决资金占用问题。

物流金融的主要运作模式包括以下几种。

一是仓单质押模式。有融资需求的企业将货物储存于物流企业并获取仓单，以此为凭证向银行申请贷款；银行评估货物价值后，按一定比例向企业发放贷款；物流企业负责对质押货物履行监督与保管职责。

二是保税仓模式。作为仓单质押模式的延伸，该模式也被称为买方信贷模式，由制造商、经销商、物流企业、银行四方共同签订保税仓合作协议，即俗称的“先有票后有货”模式。这种模式能够有效规避商品潜在降价风险，并缓解现金流周转不足的问题。

三是融通仓模式。金融机构根据融通仓的规模、运营状况、经营业绩、资产负债比及信用情况等，直接向物流企业授予一定额度的信贷权限；由物流企业自主评估并决定担保客户的贷款资格，提供灵活的质押贷款服务。

4. 城市共同配送

城市共同配送是指在城市范围内，商贸流通企业、生产加工企业和物流配送企业通过各种合作方式，共同对城市多个用户需求配送的商品进行整合和统筹安排；通过作业活动的规模化来降低作业成本，提高物流资源的利用效率。城市共同配送发展需要以下各个要素配合。

一是加强政策支持与引导。各地政府结合当地物流发展现状，出台多项利好政策，支持城市共同配送发展。

二是加快城市共同配送物流基础设施建设。在城市总体规划阶段，将现代物流配送节点纳入“顶层设计”，确保其与城市商贸、土地等其他规划有序衔接；优先建设为货物中转和城市共同配送服务的大型物流中心、配送中心及分拨中心，重点扶持配送中心规模化、标准化、集约化发展；鼓励现有场站及规划货运枢纽场站转型升级，扶持培育城市共同配送物流服务龙头企业。

三是加快培育共同配送市场经营模式。培养示范性配送企业，以此为基础建立规范化配送市场。在考虑现有相关配送资源所属权、配送货物类别、第三方物流企业发展等实际状况的基础上，从专业性要求较高的行业入手，参考企业协同配送模式，实现共同配送多行业覆盖。

四是推进共同配送标准化建设。建立科学、统一、规范的共同配送标准体系。制定现代物流配送系统内部基础设施、专用物流设备与工具等的技术标准；完善运输、仓储、装卸搬运、包装等各流程作业标准，通过统一现代物流信息标准，构建能够实现各参与主体间相互交流、相互协作的平台与桥梁，减少冲突并提升效率。

5. 多式联运

多式联运是由两种及两种以上的交通工具相互衔接、转运而共同完成的运输过程，包括公铁联运、公水联运、铁水联运、海空联运等多种形式。多式联运发展对物流产业发展有以下重大作用。

一是促进内陆经济发展。构建以多式联运为基础的物流新通道，以全新的高效物流通道支撑起内陆开放，是我国社会和经济发展在宏观空间层面一次大的、战略级别的调整。

二是经济结构转型升级的必然要求。发展多式联运的要求是解决运输效率问题，只有运输效率提升才能推进物流效率提升，进而推进供应链效率提升。

三是绿色环保是推动多式联运发展的直接诉求。国务院办公厅印发了《推进运输结构调整三年行动计划（2018—2020 年）》。该计划提出以调整运输结构打赢蓝天保卫战为导向，进一步提升多式联运的系统能力。

三、城市物流业发展趋势

（一）城市物流空间组织演化趋势

城市经济的不断发展，促使用地规模逐年扩张，综合交通网络日趋复杂，物流组织在空间中的布局形态也随之演化发展。因此，物流组织空间布局形态在不同时期内表现出了差异化的规律特征。

1. 单中心集中发展空间结构

城市发展初期，市区占地面积较小，为满足商品经济需求，仓库、码头等传统物流节点开始在城乡区域出现，但此时各节点间的互动联系较弱。随着科技进步推动城市功能完善，城市中心区域逐渐聚集起铁路货运站、公路货场、公共仓储中心等广义物流节点；交通网络的发展则为这些节点的互联互通提供了物质基础。随着城市以同心圆结构向外扩张，规模不断扩大，中心城区土地价值持续上升。为追求经济效益，原有物流节点设施逐步向外迁移，推动城市物流节点空间布局整体向外延伸，在次中心地带稳定后形成新的布局结构。同时，不同区域的物流节点逐渐演化出一定程度的网状联系。此后，工业区逐步外迁至城市边缘地带，成为物流园区的最优选址；物流配送中心多布局于城市中心区域，由此形成层次分明、形态均衡的物流节点布局，并最终构成稳定的圈层式网状结构。

2. 带状发展空间结构

城市发展初期，在城市中心区域或周边一定范围内，开始出现公路货场、公共仓储中心等广义物流节点设施。这一阶段，地形等自然环境对物流节点空间布局的限制尚不显著，城市中的点状分布功能区逐渐向带状序列发展。此时，物流节点与功能区的带动关系具有双向性——既可能是物流节点引领功能区形成，也可能是功能区发展带动了物流节点的出现，但其核心特征是两者间的交通联系不断加强。随着城市发展逐步深入，城市开始依托主要河流或交通干线拓展，原本分散的点状功能区逐渐连片，物流节点也沿城市主要发展轴线排列。至此，物流节点与功能区均沿城市交通主干道初步形成带状空间布局。

3. 组团式发展空间结构

由于各中心区域在客观发展条件上存在差异，物流节点的初始空间布局呈现出一定的不均衡性。随着城市发展进程的推进，各组团规模不断扩张，物流节点开始自发地从原先的组团中心迁出。大规模物流园区在远离组团的区域重新选址，规模较小的物流中心与配送中心则布局于组团边缘，逐渐推动形成新的组团。这一阶段，物流节点的发展还促进新组团加速形成工业区、商业区等功能区域，在一定程度上引领了新组团的发展与成熟。最终，各个新组团的空间布局结构日渐完善，物流节点呈现出组团式分布、等级分明且与各组团紧密关联的布局形态。

4. 卫星式发展空间结构

城市发展初期，母城凭借庞大的人口规模与强大的经济集聚能力，催生了专为其服务的物流节点。随着卫星城的发展，低廉的土地成本、充足的土地资源及持续增长的需求，推动母城原有物流节点逐步向卫星城迁移，形成“母城—卫星城”的结构，物流节点的空间布局也随之趋于成熟。这一阶段，卫星城边缘地带开始涌现物流园区、物流中心等大规模物流节点，它们依托便捷的交通网络，既服务于母城，也覆盖卫星城，在母城与卫星城之间形成均衡的布局结构。

（二）城市物流需求类型演化趋势

1. 城市物流标准化

（1）物的标准化。物流标准化 1.0 聚焦于“物”的标准化，核心是对物流最本质的运作流程——“分、合、搬、运、存”进行规范。传统运输与仓储在长期发展中形成了固有模式，而现代物流标准化的推进，使“物”的标准化重心逐渐转向前三个环节的变革，即如何优化分流、合流与搬运。例如，商务部推动的商贸物流标准化工作，从标准托盘入手推广单元化物流，对“物”的全流程、全环节、全产业涉及的每个流程、环节及设施都制定统一规范，实现了物流全链条的标准化覆盖。

（2）作业流程的标准化。物流标准化 2.0 侧重于整个物流作业流程的标准化，涵盖作业流程、商业流程与服务流程三个层面。

（3）供应链标准化。物流标准化 3.0 指向物流供应链全流程的标准化，重点是对“链”的整体流程进行规范。供应链标准化要求为链条上的每个实物单元赋予标准化编码，并将其纳入供应链体系建设，实现全链条物体的可视化与可溯源，进而推动供应链“四流合一”（物流、信息流、资金流、商流），促进链上与链下的高效连通，形成网链型供应链体系。

2. 城市物流绿色化

（1）物流仓储设施绿色化认证。

物流仓储设施绿色化认证是城市物流绿色化发展的一个重要体现。2017

年行业标准《绿色仓库要求与评价（SB/T 11164—2016）》正式实施。在发展城市绿色配送仓储设施方面，中国仓储与配送协会推进绿色仓库标准制定工作，积极认证符合标准的绿色仓库，以绿色仓储标准化为抓手推动城市绿色仓储设施解决方案落地。

（2）城市物流绿色技术装备应用。

在城市配送领域，新能源车辆标准化是城市绿色物流装备的表现之一。要持续优化新能源汽车标准体系，满足城市绿色物流发展需求。同时，要加强国际参与，提升国际影响力。根据商务部等部门的指导意见，各城市纷纷出台支持新能源交通工具进城的政策，推动新能源车辆在城市配送行业加快发展，从而实现节能减排。

（3）城市配送的物流包装绿色化发展。

物流包装是影响物流成本的直接因素，也是物流供应链上的一个关键点。物流包装绿色化是未来物流设施设备发展的趋势，其基本原则目前已经形成社会共识。因此，必须在物流全行业树立物流包装绿色化“一盘棋”思想。一是国家层面的相关法规部门应该制定统一的规范要求和标准。二是产业上下游各环节中涉及的监管职能机构都要真正参与进来，推动各环节实施减量包装，最大限度重复利用废旧包装；对无法实施减量包装的商品，重点推进包装材料的循环使用。

3. 城市物流智慧化

（1）智慧物流推动共享物流发展。

城市配送领域的共享物流模式，核心是通过整合物流资源，实现资源全面共享，进而推动物流业降本增效与系统革新。智慧物流依托大数据、人工智能等技术提升物流各环节效率，推动物流向现代化、科技化转型；同时，它将现有物流资源数据化，实现资源信息透明化，促进闲置资源的最大化利用与共享，催生出城市共同配送、共享云仓、智能快递柜、物流众包等丰富的共享物流创新业态。

（2）智慧物流推动即时物流变革。

即时物流对用户响应速度和服务时效性要求极高，其发展面临多重挑战。在城市物流中，即时物流系统能更高效地应对海量订单、大量配送人员信息、复杂路径规划及高时效配送等需求。

（3）智慧物流推动前置仓发展。

智慧物流的持续发展催生出前置仓模式。该模式依托大数据技术的分析预测功能，构建数字路由与数字分仓体系，在发货前，将货物部署至距离客户最近的仓库网点，大幅提升配送响应速度与物流效率。前置仓模式广泛应用于城市新型零售生鲜领域，通常以各门店作为中小型仓配中心，总部中央仓库仅需向门店点对点供货，即可覆盖“最后一公里”配送，进一步优化仓配效率。

第二章

城市物流产业发展战略及路径

第一节　城市物流产业创新发展战略演变

一、国际战略演变

（一）“一带一路”建设为中国国际物流发展提供新机遇

1. 加快区域开发开放，国内重要节点城市迎来物流发展机遇

加强新亚欧大陆桥、陆海口岸支点建设，不仅加快了东南沿海部分产业转移到中西部地区以及我国沿边开放步伐，还带动了我国东北、西北、西南、东南地区节点城市的经贸发展，促进一批商贸物流枢纽中心逐步形成。另外，陆海统筹项目的建设实施，有利于支持郑州、西安、重庆等内陆城市建设航空港、国际陆港，加强内陆口岸与沿海、沿边口岸通关合作，为“一带一路”重要节点城市的物流发展带来新机遇。

2. 我国制造业、能源和电子商务等领域迎来物流发展新机遇

在制造业方面，随着劳动力低成本优势逐步弱化，经济规模与国内市场等综合优势持续显现，部分低端产业环节从我国东南沿海向周边国家转移，国内聚焦高端加工产业升级，推动与周边国家在制造业及物流领域的深度合作成为重要方向。在能源方面，中亚、南亚等地区作为我国大宗矿产品主要进口来源地，与我国在能源基础设施互联互通、输油输气管道安全维护、跨境电力设施建设等领域的合作不断深化，为能源物流发展注入新动能。在电子商务方面，新一轮对外开放、自贸园区建设及全球经济治理参与度提升等多重利好叠加，为跨境电商物流创造了历史性发展机遇。

（二）构建以国内大循环为主体、国内国际双循环相互促进的新发展格局

双循环新发展格局立足我国超大规模经济体量，是推动经济安全稳定发展、实现从“融入参与”到“引领驱动”转型的关键路径，也是经济高质量发展的必然选择。保障产业链供应链安全稳定是双循环新发展格局的核心支

撑。一方面，它为经济高质量发展筑牢根基；另一方面，有助于塑造国际竞争新优势，促进国内国际循环深度融合。在全球产业链竞争日益激烈的背景下，我国需立足国内庞大市场，加速提升产业链供应链核心竞争力，推动双循环新发展格局落地见效，实现发展质量、效率与可持续性的全面提升。

二、区域战略演变（区域一体化）

1. 打造高效区域物流枢纽中心城市，长期合理发展

近年来，我国聚焦京津冀、长三角、珠三角、成渝城市群、关中平原等大型城市群发展，注重发挥区域物流城市的辐射带动作用，推动区域物流系统的运行；提出建设六大类物流枢纽网络，高度重视内畅外联、高效互通的对外开放通道建设；依托港口、铁路、机场、公路等设施组成的多层次、立体化综合交通体系，搭建具有全球竞争力的国际供应链物流服务网络，提升对全球资源要素及商品服务的汇聚能力，支撑城市群内部各生产要素及商品的高效流通，推动城市群内部产业集群化发展，提升对周边地区产业发展的辐射带动作用，实现区域内循环、跨区域循环协调发展，打造区域产业经济发展增长极。

2. 利用区域城市资源优势，充分扬长避短

在区域中心城市建设过程中，我国应当注重调动各方资源服务于物流体系建设，整合商流、资金流、信息流等，积极与周边区域开展合作，优化物流市场营商环境，培育国际物流人才。同时，积极研发应用大数据、云计算、人工智能等影响物流行业发展的关键共性技术，协调发展上下游，提升资源配置效率。

既要发挥一线城市的科技创新引领作用和区域辐射优势，也要挖掘非一线城市在物流建设中的后发潜力，形成差异化比较优势。前者以技术突破和高端服务赋能产业升级，后者以特色定位和成本优势承接资源外溢，最终实现物流业高质量可持续发展。

3. 因地制宜发展，提升区域物流核心竞争力

应做强第三方物流，加快发展第四方物流及其信息平台，推动物流业转型升级，充分释放区位、政策及产业集聚优势。从政府、行业、企业三个层面推进功能整合，加快通关流程与认证的标准化建设；促进物流业与商贸业

深度联动，立足本地生产与消费市场，激发并创造市场需求，集聚辐射周边区域需求，构建集转运、联运、集散、仓储、货代于一体的综合物流服务体系。此外，需开发物流衍生产品市场，提升一体化、智能化、信息化水平，实施错位发展战略，加强与其他区域物流中心的功能互补与合作联动，全面提升区域物流核心竞争力。

第二节　城市物流产业战略选择

一、战略选择原则

1. 发挥区位优势，提高辐射能级

把区位优势转化为区位责任、发展优势，进一步巩固服务优势、提升服务能级、增强服务动力，以优质服务、高端服务带动更大范围、更广领域的创新发展。区域辐射能力作为城市产业升级的“发动机”与“起搏器”，有效集聚相关要素，合理整合产业资源，推进技术进步，以自身城市物流产业的领先发展，引领辐射范围内中小城市的区域经济与产业快速成长，在中心城市周围形成相应城市群、经济区及产业带，促进物流产业协调发展。

2. 提升集聚功能，培育增量产业

培育产业集群是加快推进新型工业化的必然要求，是现阶段产业竞争力的重要来源和集中体现。在推进城市物流产业存量升级的基础上，致力提升产业增量，积极发现并培育新增长点，把调整存量与提升增量结合起来，走集聚发展之路，不断提升集聚功能与辐射引领作用。要以市场配置资源为指导性原则，营造公平竞争、规范有序的市场环境，大力培育要素市场。引导企业向产业链上、下游延伸，带动一批配套项目，培育增量产业。发挥龙头企业的示范、辐射、信息扩散及销售网络作用。拓展物流平台功能，推进优质项目集聚，增强产业发展内生动力。

3. 完善服务网络，促进降本增效

针对我国物流大通道短板，聚焦提升物流网络中的大通道通行能力。积极扩展铁路干线网络覆盖范围，实现国家主要高速公路的基本贯通，加快建设内河高级航道设施，提升物流服务网络跨境设施水平。完善中心城市以及周边城市群物流网络设施空间布局，加大具备干支衔接、多式联运、口岸物流等功能的物流枢纽建设力度，推进不同运输方式及组织形式间实现高效衔接与转换。

4. 加快转型升级，推动创新发展

创新作为发展的首要动力，对于建设现代化经济体系具有战略支撑作用。加快传统物流业转型升级，积极探索新型物流业态，推动物流业与制造业、农业、商贸业等融合发展，提升高质量物流服务实体经济的能力。鼓励发展云仓等共享物流模式，支持发展共同配送、集中配送、分时配送、夜间配送等先进物流组织方式，在具备条件的地区探索发展无人机配送等创新模式。依托数字物流基础设施建设加快发展数字物流，实现车辆、飞机、货物等物流要素的数字化。提高云计算、大数据、人工智能等现代化信息技术及信息管理系统的应用比例，推进物流软件智慧化，增强物流高质量发展的内生动力。

二、产业发展战略

1. 存量提升战略

加快传统物流业转型升级步伐。依托大数据、人工智能、云计算、区块链等信息技术，逐步形成便捷、高效、智能的货物运输服务体系，推动多式联运、无船承运、无车承运等货运组织形式快速发展，提升传统存量物流企业能级；整合存量物流产业基础，提高存量资源利用率，抓好重大项目建设，着力提升城市物流产业辐射能力和产业规模；补齐产业发展短板，全力推进提质增效；拉长物流产业链条，全力构建现代化物流体系，大幅提高物流效率，降低物流成本，改善营商环境，支撑实体经济存量高质量发展。

2. 增量培育战略

要以产业为导向、企业为主体，遵循物流产业规律，促进物流产业增量提质。引导企业向产业链上、下游延伸，着力引进和培育层次高、规模大、牵动力强、后劲足的重大项目及配套项目，提升集聚功能，培育增量产业。大力培育要素市场，通过实现物流组织服务的集约化，全面推进城市物流服务范围与能力水平的实质性提升。特别是对于区域服务导向型模式的城市物流而言，要重点强调以城市为节点，积极培育集约化物流组织，实现区域物流服务创新发展，使物流资源向城市集聚，培育城市的增量物流。

3. 主体发育战略

主体发育战略是深化供给侧结构性改革、进一步推进物流降本增效的重要举措。以专家认定的标准，遴选出一批具备信息化网络条件的专业物流企业，对其进行重点扶持，并以动态管理的原则定期更新认定企业名单，在物流领域打造一批龙头企业；加快现代化物流园区建设步伐，鼓励国内外大型品牌企业入驻；推广物流新型装备、技术、业态在标准化、信息化、国际化方面的应用，提高物流一体化运作水平；强化物流人才队伍建设工作，着重培养高端复合型现代化物流人才；改善相关政务环境，创造公平公开、有序竞争的物流市场环境，促进物流产业高质量发展。

4. 创新发展战略

智能化的技术手段和设备不断推进传统模式的优化。创新发展战略是推进物流产业高质量发展、提升城市经济增长速度、推动产业结构调整与转型升级的关键手段。应当以发展为导向，深化发展“互联网+物流”等高效方式，推进物流领域商业模式、经营业态、技术应用等方面的创新；推动专业物流领域发展，如多式联运、制造业物流、工业品物流、城市配送、冷链物流、农产品物流等，加大配套设施建设及管理政策设计，形成可复制和推广的实际运行创新成果，提高城市综合竞争力。

第三节 城市物流区域协同战略

一、打造干支仓配一体化服务体系

区域协同战略的发展离不开区域内干支仓配一体化服务体系的建立。因此，要以区域物流一体化为核心，以打造区域物流大通道为抓手，形成区域物流运输“一张网”的格局。

打造干支衔接型货运枢纽（物流园区）、公共配送中心、新型标准化仓库、末端公共配送站等物流基础设施，形成干支结合、仓配一体化的布局，加强区域内各物流节点的衔接贯通，共同构建城市区域物流运输及配送网络。在此基础上，推动传统区域物流模式升级，逐步形成“干线+核心仓”与“支线+配送仓”两大环节。

二、培育区域性国际物流骨干企业

培育区域性国际物流骨干企业，是高质量参与区域性国际物流竞争、加快区域现代物流产业发展、打造区域性国际物流枢纽的重要环节，需坚持规划引领、融合创新、统筹兼顾、带动示范的原则。通过规划引领与指导，推动形成一批区域性国际物流龙头企业，支持和引导具备条件的物流企业做大做强，提升区域物流国际竞争力，使其在区域物流运行体系中充分发挥骨干作用。同时，依托国家物流枢纽加强区域物流与交通、制造、商贸等产业的联动融合，培育行业发展新动能，探索枢纽经济新模式；统筹区域内城市的经济发展基础与增长潜力，兼顾各城市物流基础设施及节点布局，形成辐射带动效应。

同时，我国应将建设区域物流中心作为重要任务，通过改革区域物流模式、整合物流资源及建设物流项目，全力推进区域内国际物流园区建设、国际物流大通道建设、营造良好的国际物流环境，培育壮大物流市场主体，推动跨境物流落地实施。

三、建设区域统一运营的物流平台

建设区域统一运营的物流平台，是实现区域协同战略的关键技术手段。当前，区域内城市间物流基础设施标准化程度不一，各物流节点衔接不畅，导致区域物流作业环节效率低下，难以匹配区域城市现代化发展需求。首先，应打造区域物流统一运营信息平台，依托云计算、物联网等技术，为平台的规划、设计、开发及整体建设提供解决方案，推动区域物流各主体、各环节、各节点的一体化作业实现可视化、现代化、信息化。这一平台不仅能提升区域仓储物流的智慧化水平，还能整合区域内物流运力，提供无缝衔接的物流信息服务，实现物流环节信息在供应链各主体间的共享。其次，应构建区域统一的物流集散、电子商务信息及物流数据交换平台，整合区域内物流园区、运输公司、货主、货代、司机等各方需求与信息，通过集成网上交易、融资租赁、业务审批、货物跟踪、多式联运等配套功能，形成一站式物流业务解决方案，最终提升区域物流作业效率，降低中间环节成本。

四、构建区域化市场营商环境

构建区域化市场营商环境，既是区域经济软实力与综合竞争力的体现，也是城市区域物流发展的重要支撑。为此，需加大对区域内物流企业的政策与资金支持，覆盖财税、融资、创业等多方面需求，推动企业转型以带动城市物流发展。同时，要同步优化配套制度环境，健全协同推进、考核评估、政企沟通等机制，确保政策落地，降低企业制度性交易成本，为区域化市场营商环境提供制度保障。具体操作中，需营造平等竞争、规范公正、高效便利的环境，通过整合物流资源、搭建运输平台等方式降低企业成本，支撑区域物流企业高质量发展。

第四节　城市物流产业创新路径

在现代化经济体系建设的背景下，供应链在衍生产业链、推动产业链集聚形成价值链的过程中，会促进城市产业布局重构。重构效果取决于供应链环境、供应链的效率和成本等比较优势。城市物流产业创新有其明确的系统目标：通过城市物流产业组织空间布局、产业组织模式、服务业态不断创新，降低物流成本，提升服务制造业与商贸业的供应链效率，吸引产业集群在城市集聚，不断提升物流产业竞争力。

一、物流信息技术创新是物流产业效率提升的关键

随着互联网、大数据、云计算、物联网、区块链、人工智能等技术的发展，新兴科技在物流领域的应用越来越广泛，不断推动物流产业向智慧物流转型升级，物流产业效率不断提升。

（1）不断提升物流基础设施、装备和作业系统的信息化、自动化和智能

化水平，在不断提高效率的同时降低运营成本，提高物流产业的生产率和竞争力，成为物流产业创新发展的重要动力。

（2）物流和供应链企业面向制造业提供物流大数据、云计算产品和服务，助力制造业增强市场需求响应和敏捷调整能力，为制造业提供产前、产中、产后物流综合解决方案，推动制造业向智能制造转型升级。

（3）物流信息技术推进城市物流产业的供给侧在组织运营和管理模式上不断创新，逐渐打通生产、分配、流通、消费各个环节，实现向产业链供应链服务的转型升级。

（4）在平台层面借助大数据、云计算、物联网、人工智能等核心技术，夯实智慧物流服务的技术基础，推进智慧物流与制造业数据连接和信息互联互通，形成协同发展新模式。

二、物流产业组织创新是降本增效的基石

1. 加快运输结构调整升级

物流产业网络组织的宏观载体是城市。从微观层面看，物流具有网络规模经济特征，其成本控制逻辑已从局部环节的单点降本，逐步转向网络组织下的系统性降本乃至供应链层面的整体降本。城市作为宏观层面的核心载体，能够成为重要的物流网络节点，助力物流规模经济的发展。具体可从以下几方面推进。

一是从降低全社会运输与物流成本的角度出发，加快调整运输服务与组织结构，推进大宗货物运输“公转铁、公转水”。

二是完善多式联运标准化体系和利益共享机制，强化多式联运基础设施与服务运行组织的衔接。

三是推广应用高效运输装备，加快研发应用适应国内国际双循环需求的集装箱等标准运载单元。

四是充分运用 RFID、物联网等先进信息技术，建立智能转运系统，并持续提升运输方式间换装转运的数字化、智能化和自动化水平。

五是搭建运输组织服务大数据共享信息平台，促进铁路、公路、水路、航空等多种运输方式的信息互联互通与公开共享。

2. 加快物流基础设施升级

一是积极推进新型物流基础设施建设，主动应用自动驾驶、无人仓等前

沿技术，高起点构建信息互联互通、资源高效利用、运行协同顺畅的新型物流基础设施网络。

二是加快传统物流基础设施的智能化改造，以网络化物流服务为重要抓手，深度嵌入 5G、人工智能、工业互联网、物联网等技术，全面提升物流基础设施的利用效率和要素集聚能力。

三是加速建设国家规划明确的重点物流基础设施，包括国家物流枢纽、国家示范物流园区、智慧物流园区、物联网络、农村物流、冷链物流等，强化并升级与运输服务的对接，打造干支线与末端配送高效衔接的物流运作网络。

3. 推动物流服务模式和业务运作流程智能化改造

物流的发展推动着商品生产与消费行为的直接对接，而在此过程中，不仅消费组织模式会发生革新，物流服务模式与业务流程也将随之发生变革。例如，电商与快递融合的模式创新，便催生了内陆地区的区域分拨中心、采购中心及物流组织服务平台。具体可从以下几方面推进。

一是推动物流企业运用智能科技对服务模式进行智能化重塑，为物流服务对接互联网制造、新零售等提供业务模式支撑，实现与新兴业态的高效适配。

二是加快物流企业业务流程的数字化改造，提升企业间及物流各运作环节的智能化衔接水平，以此提高整体运作效率、降低综合成本。

三是优化升级物流基础设施的运行模式与流程，强化物流要素的集聚功能，加速要素流动效率，夯实物流网络的支撑能力。

四是提升仓储环节的智能化水平，通过智能化技术赋能，为物流节点管理与服务的数字化转型奠定坚实基础。

三、以供应链管理模式构建城市产业新生态

物流产业向供应链管理模式转变是物流产业创新的核心。在微观网络经济向城市宏观网络经济的转变过程中，改善城市物流环境，是城市经济与产业发展的大势所趋，已成为培育供需互配的城市经济发展新动能。具体而言，就是利用供应链助推产业生态、运行方式改革，以此创新发展区域经济，这是城市物流产业创新战略的核心要义。

1. 产业链供应链助推城市产业生态变革

供应链是一种通过高效整合资源，围绕客户需求，在产品设计、采购、

生产、销售、物流等全流程实现高效协同，从而提升质量与效率的组织形态。随着信息技术的发展，供应链已迈入与互联网、物联网深度融合的智慧发展新阶段。

供应链领域的创新应用，对推动城市产业组织方式、商业模式及政府管理方式的改革创新具有重要意义，能为供给侧结构性改革提供有力支撑。城市物流产业可通过深度融合互联网、物联网与供应链，以标准化信息体系和信用体系为辅助支撑，强化供应链在理念、技术、模式上的创新，高效整合各类物流资源与要素，构建与产业协同度较高的智慧供应链体系，进而形成完整的城市产业生态圈。

2. 供应链助推产业运行方式向协同化、服务化、智能化变革

一是推动城市制造业产业链供应链协同发展。鼓励制造企业运用精益供应链的先进管理方法与技术，完善涵盖产品设计、生产制造及售后服务的全链条供应链体系，促进供应链上下游企业在采购、制造、物流等环节协同运作。通过深化企业专业化分工，加快顾客响应速度，缩短产品生命周期与新产品上市周期，降低生产经营及交易成本。

二是构建服务城市产业的供应链平台。搭建一批公共制造业供应链服务平台，以此为依托发展生产性供应链服务。支持供应链企业向上游延伸，提供众包设计、协同研发、一体化解决方案等专业服务；向下游拓展，开发仓储物流、维护检修、技术培训、远程诊断、消费信贷、融资租赁等增值服务，推动制造业供应链向价值链高端的产业服务型供应链转型。

三是提升城市产业供应链的可视化与智能化水平。积极推广感知技术在产业供应链关键节点的应用，实现全链条信息共享，加速供应链可视化进程。推进机械、船舶、航空、汽车、电子、纺织、食品等重点行业供应链体系的智能化改造，加快发展智能人机交互、智能工厂、工业机器人、智慧物流等先进技术装备，增强敏捷制造能力。

第三章

发达国家典型城市物流发展经验

第一节　国内外典型城市物流发展案例分析

在顺应物流业发展趋势的过程中，国内外诸多城市已积累了丰富经验，包括培育物流产业、加快物流产业要素集聚、营造规模化物流发展环境、支撑和引领制造业与商贸业发展，以及培育物流领域的新技术、新业态、新模式和新产业等。这些经验可为我国城市物流的建设提供有益借鉴。

一、国外典型城市物流发展

（一）孟菲斯

位于美国中南部的孟菲斯，被城中自北向南流淌的密西西比河分为东西两部分。孟菲斯因地理位置和区位优势明显，逐渐成为依托港口发展的城市，跻身美国四大内陆港之列，并成为北美物流中心。其专业的行业人才与发达的联运能力和航空运输业，也吸引着越来越多的企业入驻于此。

1. 以港口为核心依托，打造方式齐全、衔接高效的多式联运体系

综合临港型城市物流业发展经验来看，以港口为核心依托，打造方式齐全、衔接高效的多式联运体系，既是推动临港型城市货运物流发展的关键因素，也有利于提升各类交通运输方式的衔接转换能力与运输效能，进而形成完善的综合交通运输网络，为城市物流产业的发展壮大提供坚实支撑。

19 世纪初的孟菲斯依河而生、因港而兴，依托优越的内河港口，不仅成为美国田纳西州最大的城市，更因其地处新奥尔良港与圣路易斯港之间，年货物运输量达 63 亿吨，为构建发达完备的多式联运体系奠定了坚实基础。

铁路方面，随着铁路交通与货运市场的快速发展，加之拥有美国境内仅有的 5 条一级铁路（诺福克南方铁路、伯灵顿北方圣太菲铁路、加拿大国家铁路、太平洋联盟铁路与 CSX 铁路），孟菲斯得以成为美国中南部的物流运输之都，其发达的铁路货运系统为发展多式联运配送中心创造了有利条件。

公路方面，孟菲斯拥有立体式公路交通网络，与贯穿美国东西、南北方向的公路相连，业务覆盖美加墨三国。其中，69 号高速公路被誉为“北美自由贸易协定高速公路”，从加拿大延伸至墨西哥；它与 22 号州际公路共同构成孟菲斯连接伯明翰和亚特兰大的重要交通枢纽。

完善的铁路、公路及水路运输通道，为孟菲斯城市物流建设提供了有力支撑，持续推动着当地物流产业的发展。以港口为核心依托，打造衔接高效、体系完备、运输便利、功能完善的多式联运系统，不仅能提升孟菲斯的交通货运集散能力，还能辐射拓展航空运输的腹地资源，为孟菲斯国际机场逐步发展成为国际大型航空货运枢纽注入源源不断的动力。

2. 以航空运输业为主导，推动城市资源要素集聚、产业集群发展

孟菲斯航空运输业的发展，推动了城市运输及货运领域相关企业的集聚。凭借完善的软硬件设施、创新的业务理念以及高质量的专业服务，孟菲斯国际机场从重要的本地资产逐步发展为国际化的货运与客运中心。

机场货运中心周边运输条件便利，货运设施齐全，物流加工优势突出，基础配套完善，可满足各类货物的装卸、搬运及运输需求。同时，机场与联邦快递合作开发并启用了中央计算机系统、数字辅助调度系统、包裹扫描系统、自动寄售系统、自动标签系统及电子清关系统等，大幅提升了航空货运的效率与便利性。

孟菲斯依托机场的全球运输网络，大力推动机场周边相关产业的集聚与发展。这种创新的产业发展模式，将信息技术、航空港、快递服务及其服务网络深度融合，已成为孟菲斯国际机场经济增值链的核心。

同时，为满足效率、灵活性与可靠性需求，对时间敏感的行业纷纷聚集在孟菲斯国际机场周边。大量高科技和 IT 企业在此落户，进一步拉动了航空货运与航空快递业务的增长，也使该区域对货运代理及各类物流服务商的吸引力不断提升，航空物流园区随之应运而生。

3. 依托龙头物流企业，打造辐射全球的物流流通网络

借助航空运输业的快速发展、优越的区位优势及丰富的物流资源要素禀赋，联邦快递在推动孟菲斯城市物流业规模扩张的同时，逐步构建起辐射全球的物流流通网络。联邦快递成立于 1971 年，通过竞争与协调相结合的运营管理模式，成长为全球物流业巨头。截至 2020 年年底，该公司拥有超过 660 架货机和约 9.5 万辆卡车，在全球拥有 25 万多名员工及独立承包商，平均每天处理 500 万件货物。

航空货运枢纽机场的发展，吸引了众多高端制造业及零售企业入驻孟菲斯：美国知名零售商塔吉特公司（Target Corporation）在此设立新的电子商务配送中心，耐克也于当地开设了全球最大的配送中心。在医药领域，世界最大的角膜银行——国家眼科银行中心坐落于此。此外，汽车零部件企业 AutoZone 将总部设在孟菲斯。

大量新兴制造与零售企业的聚集，依托联邦快递（FEDEX）这一龙头物流企业，使孟菲斯国际机场与产业的联动效应显著增强，逐步构建起辐射全球的物流流通网络。

4. 以注重研究和人才培养为核心，促进产业迈向价值链中高端

孟菲斯发达的物流运输体系必然产生强劲的劳动力需求，这也吸引了更多物流专业人才汇聚于此。孟菲斯市政府同样高度重视物流行业人才培养，以人才培养为核心，围绕学科建设、科学研究、科技创新等重点领域，鼓励当地教育机构为物流专业人才提供高质量教育资源，并积极引导物流行业开展研究与创新。

（二）东京

东京是日本的首都，也是日本最大的交通枢纽与物流中心。东京物流系统促进了东京产业体系的优化升级，从工业化到后工业化，服务业成为东京的第一大产业，在支持城市繁荣和可持续发展中发挥了关键作用。

1. 依托政府规划主导模式，重点布局发展区域物流

日本政府于 1966 年出台《流通业务市街地整理法》，统一规划布局物流园区，构建以物流园区为核心的国家物流网络。东京近郊建设了葛西、平和岛、板桥、足立 4 个公共性物流园区，引导区域性的物流设施向城市外围集中，并制定了改善重点港口和主要交通干线的政策，缓解交通瓶颈制约。随后，日本政府出台《综合物流实施大纲》等法规政策，推动和保障东京都市群区域经济及物流业协调发展；逐步放宽对物流行业限制，激发市场活力，营造了东京物流行业发展的有利环境。

2. 依托产业结构调整，大力建设城市现代物流三级体系

20 世纪 70 年代，受两次石油危机影响，日本经济产业结构转型，社会进入消费时代，促进了多频次、短距离物流需求的增长。平和岛物流基地位于东京南部，西靠东京湾港区码头，南邻羽田机场，附近有高速公路和城市环状公路，是东京的水、陆、空交通枢纽，涵盖保管、换载、流通加工、展示、配送、集货等服务。平和岛物流基地与市外交通干线衔接，通过干线运输与其他物流园区联动，形成覆盖区域乃至全国的物流网络；基地内建立了内陆贸易中转站，开展以城市为对象的终端配送，基本形成东京都市圈三级物流体系，不仅提高了商品的流通速度，也降低了物流成本。

3. 重视现代物流信息化建设，提高物流服务质量

日本政府和物流公司非常重视物流信息处理方法，并努力为客户提供全方位的信息服务。在采购、库存管理和物流配送等方面，广泛应用物流网络系统、电子数据交换系统、供应链协同系统、运输过程信息系统及卡车分配系统等，为客户提供全方位信息服务。

4. 积极推进共同配送和多式联运体系

日本通过发展绿色物流、实施绿色服务标准，为日本经济社会的可持续发展提供了重要保障。在企业层面，东京的物流企业积极推动运输模式转型：将汽车运输转向铁路和海上干线运输，构建干线共同运行系统；推行共同配送与多式联运的都市运送体系，对货物进行联合运输。在政府层面，充分运用绿色环保税收制度，推动运输车辆向大型化和拖车化发展，提高卡车配送效率；鼓励发展超级环保的生态运输工具，控制废气排放。通过对物流运输系统的全方位改造，东京建立了高效合理的物流模式，从机制、效率和体系上缓解了道路运输对环境的压力，并建立了绿色低碳的物流运输体系。

（三）法兰克福

法兰克福作为德国第五大城市及黑森州首府，位于德国西部的黑森州境内。其法兰克福机场航空货运城是全球十大货运枢纽之一，且基本位于德国国际企业制造基地的核心区域；依托这一区位，其 3 小时飞行圈可覆盖欧洲大部分城市。

1. 依托高效交通运输网络，构建发达的多式联运体系

航空、公路和铁路等多种交通方式在此交会，交通极为便利。法兰克福地处欧洲繁忙的高速公路交叉口，从其机场出发，通过卡车运输可在 18 小时内抵达所有欧洲国家。

在法兰克福，物流园区、重点港口、货运火车站及航空枢纽普遍配备两种以上运输方式的连接与转运设施，有效整合了原本分散独立的公路、铁路、水路、航空等运输资源，形成了高效联动的综合交通网络。

2. 打造航空物流产业集群，提高物流流程效率

为应对航空物流持续增长的需求及日趋复杂的运营要求，提升全流程效率，法兰克福充分依托供应链与产业链合作伙伴的协同优势，推动产业链供应链上下游参与者密切协作，打造航空物流产业集群，不断强化集聚功能与辐射带动作用。

法兰克福机场周边已吸引 4.4 万家企业入驻，集聚了货运代理、航空公司、货物处理商及货运全流程中的其他服务提供商。目前，全球已有超过 250 家货运代理、货运航空公司、货物处理商及相关服务机构在此协同运作，通过持续扩大集聚辐射效应、优化航空物流流程，不仅实现了相关企业的利益最大化，更显著增强了法兰克福机场的综合竞争力。

3. 依托货运社区，提供航空物流多元化服务

法兰克福机场拥有完善的货运基础设施，致力于推动航空货运服务多元化发展。其中，法兰克福航空货运社区是优化现场航空货运供应链的重要基础。机场依托两大货运城，为客户提供定制化服务，按需配备一流设备，以快速、可靠、专业的处理方式满足客户需求。为适应现代化物流业发展，机场还构建了海关监管仓库、分拨配送中心、货运处理管理信息系统等现代物流设施，进一步巩固服务优势、提升服务能级、增强服务动能，凭借优质高端的服务持续提升法兰克福航空货运服务的国际影响力。

4. 打造欧洲区域物流枢纽，提升国际竞争力

法兰克福机场充分发挥国际机场的地域、经济与服务优势，整合供应链各合作伙伴的资源禀赋，持续增强法兰克福机场的竞争力，着力打造强大的欧洲区域物流枢纽。

法兰克福机场高度重视与基地航空公司的战略合作，依托汉莎航空丰富的航线网络，提供辐射欧洲、通达全球的航空货运服务；同时积极推动行业参与者密切协作、优化航空物流流程，使法兰克福机场的航空货运处理能力不断提升，全球航线网络持续完善。

（四）鹿特丹

鹿特丹是荷兰第二大城市，地处莱茵河与马斯河的河口交汇处，西临北海，濒临海运繁忙的多佛尔海峡，作为西欧海陆运输的核心枢纽，其经济腹地广阔，素有“欧洲门户”之称。鹿特丹港航线通达全球1000多个港口，货运量占荷兰全国总量的78%，是欧洲最重要的石油、化学品、集装箱、铁矿、食品及金属制品运输港口。

1. 重视腹地运输网络优化，打造高效的港口集疏运体系

鹿特丹港积极发展高效互联的多式联运，不断增强对腹地经济的覆盖与服务效能，提升港口综合覆盖率，有力保障了自身集聚与扩散效应的发挥。

该港80%的货物始发地和目的地均非荷兰本土，大量货物在此实现中转。为此，鹿特丹港高度重视腹地运输网络的优化升级，构建起便捷、安全、高效、可靠的港口集疏运体系，大力发展内陆多式联运：其内陆运输网对外衔接欧洲各国综合运输网络，覆盖主要欧洲市场及工业区；对内连接各港区码头，衔接港口工业区与市区。铁路线直接延伸至港口作业区，实现海铁联运的无缝衔接。通过多种运输方式的协同组织，鹿特丹港实现了“门到门”货物流通，有效推动港口物流降本增效。

2. 注重物流节点功能，创新港口物流链协同化服务

鹿特丹港注重发挥港口物流节点功能与物流链枢纽作用，致力于全方位提升港口物流价值链服务水平，推动港口物流链的高效组织与协同化运作。

具体而言，一是加强与港口物流链上下游各方的协同合作，打通物流链的海陆节点，实现资源整合与集成，为货主企业、物流公司、航运企业及联盟提供更具价值的优质服务；二是构建港口物流链全程信息服务体系，为物流企业及上下游客户提供多方业务协作与运营基础平台，保障物流服务的高效与可靠；三是提高增值服务占比，依托电子服务平台整合“欧洲门户服务”网络中的各方参与者，通过信息增值服务稳定货源，同时根据用户需求，及时高效地处理涵盖多货种、多功能、广范围及不同周期的综合物流活动。

3. 推进港口数字化进程，提升运营效率和服务水平

鹿特丹港致力于推进港口数字化进程，通过应用现代信息技术与人工智能技术，提升港口运营效率和服务水平。

一是构建完整的信息基础设施，利用局域网、云计算、移动终端设备、物联网、地理信息系统（GIS）及视频监控系统等，为港区、码头、堆场及港口物流的数字化、网络化管理提供基础支撑；

二是建立港口作业管理系统，实现信息系统指令与终端机械设备控制功能的无缝衔接，从而高效合理地调配各类港口资源；

三是打造互联互通的信息平台，强化内陆运输网络优势，整合相关港口服务，打通港口价值链上下游环节的数据流，推动政府职能部门、航运公司、物流企业、金融及法律服务机构等多方高效协同运作；

四是建设港口大数据中心，实现港口价值链中信息资源的集中统一管理，在基础设施建设、生产管理、客户服务及基于大数据的市场预测等领域开展创新应用，为相关方提供及时、准确、标准化的数据服务。

4. 推进港口绿色可持续发展，积极营造良好港口生态圈

鹿特丹港大力推动港口向低碳、节能、绿色环保方向转型。其具体举措包括：实施“转变运输方式”战略规划，优化港口集疏运体系，引导公路运输向水路、铁路等清洁运输方式转换，以减少道路交通拥堵和环境污染；积极推广新能源集装箱调度车、清洁液压陆上发动机及岸电技术等应用，划定船舶污染排放控制区，显著降低港口区域的二氧化碳排放量；实施内河水运奖励计划，为符合条件的内河水运业务提供经济补贴。

同时，鹿特丹港注重构建紧密协作、高度协调的港口生态系统，为绿色可持续发展提供系统性支撑。

（五）新加坡

新加坡港位于马来半岛南端、马六甲海峡出入口，北隔柔佛海峡与马来西亚相邻，南隔新加坡海峡与印度尼西亚相望；是连接亚洲、欧洲和非洲的海上交通枢纽，战略位置十分重要。

1. 基于优越地理位置，完善对外通道网络

新加坡港处于国际航线交通枢纽位置，为全球各地的经济联系和运输服务提供了便利。其独特的区位优势极大地促进了港口物流的发展，属于典型的交通枢纽型港口。该港腹地经济发达，集聚了服务型企业、加工型企业、第三方物流企业，具有便捷的对外交通条件，能直接把集装箱运往内陆城市。

在硬件设施方面，新加坡港拥有完善的港口硬件设施、大型的集装箱码头、先进的技术装备，以及用于货物装卸、储存、中转的起重运输设备、仓库和货场。在服务特色方面，新加坡港提供了良好的通关条件、优质的服务体系，以及与国际接轨的政策氛围。

2. 注重提升物流水平，打造优质营商环境

目前，共有6000多家物流企业在新加坡运营，全球第三方物流企业25强中，有21家以新加坡为基地，其中，多数以新加坡为亚洲总部，如美国联合包裹和联邦快递等。充分的竞争、优质的服务，确保了新加坡物流业的优势地位。新加坡具有高质、高效的物流专业能力，能够提供医药物流、冷链物流及国际快递服务等高技术专业化服务。

3. 融合物流与制造业，推进二者协同服务

新加坡政府一贯重视制造业的发展。制造业的发展，尤其是临港工业的发展，带动了港口的发展与繁荣。特别是，许多聚集在新加坡的跨国公司需要根据供应链管理的要求分配跨国资源，这极大地促进了集装箱运输业的发展。另外，随着港口的发展，第三方物流企业大幅降低了物流成本，从而降低了制造业成本，增强了制造业的竞争力，促进了制造业的繁荣与发展。

（六）芝加哥

芝加哥地处北美大陆中心地带，是北美最大的陆港、全球第五大集装箱陆港，也是美国最大的铁路枢纽和重要空运中心，素有“美国的动脉”之称，形成了铁路、公路、水路、航空多式联运的立体交通格局。作为美国重要的国际和区域物流枢纽，其奥黑尔机场是美国第四大国际航空枢纽，同时也是美国联合航空的第二大基地与中转枢纽。此外，芝加哥还是美国五大湖区城市群及北美地区重要的资源要素出入口，全美约25%的铁路货物在此始发、到达或中转。

1. 抓住历史机遇，构建辐射全球的交通运输网络

19世纪中叶，芝加哥运河开通，连接密歇根湖、芝加哥河、伊利诺伊河与密西西比河，形成贯穿美国大陆的黄金水道，使芝加哥成为全美交通中心。在美国东西部铁路建设浪潮中，芝加哥借此契机建成美国最大的铁路枢纽和联合货运市场。当航空运输崛起时，芝加哥于1955年建成当时世界最繁忙的奥黑尔机场，由此成为世界航空运输中心和北美航空枢纽。发达的立体运输网络为后续国际物流中心的建设奠定了坚实基础。

2. 依托立体交通网络，发展多式联运体系

芝加哥物流中心的运输模式从单一专业化转向以集装箱为基础的多式联运综合一体化，为客户降低约 25% 的物流运输成本。货运业务的集中处理与运营，不仅有利于规范化操作和集约化管理，减少了分散运营带来的环境污染，提升了环境集中管理能力，还推动了货运业务操作规范的完善及运输设备的标准化。

3. 依托高效物流产业集群，有效配置资源要素

芝加哥物流枢纽的核心优势在于依托交通优势发挥资源集聚与配置能力。凭借综合交通枢纽的规模效应，连接北美大陆的铁路、公路、航空及内河航运网络，吸引了大量物流企业入驻，为运输环节的协同发展提供了便利条件，形成显著的产业集聚效应。

4. 依托物流枢纽，成为区域经济增长极

物流枢纽带来的资源要素被芝加哥充分转化，推动其在各产业领域抢占前沿，形成技术密集、知识密集、竞争力强且特色鲜明的产业体系。同时，通过加强与城市群内多中心城市的经济联系、推动产业集群化发展，积极吸引外资、布局高科技产业，逐步建成以高新技术为引领、资本多元化的国际大都市，提升区域辐射能力，以门户优势联动区域发展，成为带动区域经济增长的核心引擎。

二、国内典型城市物流发展现状

（一）重庆

作为西部重镇的重庆，自然资源并不突出。重庆地处内陆腹地，不沿边、不靠海，距离出海口 2000 多千米。重庆改变了过去依赖内河运输加海运的模式，转而通过亚欧大陆桥中欧班列（渝新欧）进行陆地运输，大幅缩短了面向亚欧大陆的商品出口时间。依托西部陆海新通道，重庆大力拓展面向东南亚的国际商贸物流。如今的重庆已成为我国内陆开放新高地。

1. 创新开行中欧班列，集聚发展新兴产业

重庆市积极谋划先行，2011 年由重庆市政府物流协调办公室负责物流通道组织建设，协调国家有关部委及铁路部门，创新性地开通了中欧班列（渝新欧）。以电子产品为例，重庆的电子信息产业最初只是代工生产，随着惠普、富士康等企业的落户，带动了众多的配套企业在重庆落户，笔记本电脑的零部件基本实现本地配套，仅惠普一家就有800多家配套企业落户，为重庆快速培育了一个千亿元级产业。

2. 拓展国际物流辐射通道，提升物流绩效水平

重庆不断畅通对外运输大通道，打通主要物流枢纽间连接通道，发展多式联运体系，促进多种运输方式的顺畅衔接和高效中转，实现物流服务畅通高效。优化完善重庆至上海集装箱班列，推动重庆—东盟国际公路货运班车稳定运行，不断发展依托西部陆海新通道的国际陆海联运。公铁水航一体的国际物流通道网络，使重庆快速成为国际化的生产贸易中心和物流组织中心。

3. 打造各类国家级物流平台，优化物流空间

重庆市围绕大通道、大通关、大平台等开放要素，推动内陆开放高地建设，打造国家级交通枢纽，形成了由4个综合保税区、2个保税物流中心和多个指定口岸构成的开放平台。重庆为支撑平台经济、枢纽经济发展，还搭建了重庆智慧物流公共信息平台、重庆跨境贸易电子商务公共服务平台等。

（二）郑州

郑州是中部地区重要的综合性交通枢纽城市，拥有亚洲最大的铁路编组站和全国最大的铁路零担货物中转站。新郑国际机场不仅是中国五大航空门户之一，也是新亚欧大陆桥东段规模最大的4E级国际机场。良好的区位交通条件，为郑州物流的跨越发展提供了重要支撑。

1. 提升基础设施联通保障水平

郑州以航空网、铁路网、公路网“三网融合”为核心，推动机场、铁路、公路及海港“四港联动”，围绕国际、国内、都市圈三级布局，通过合理布局、便捷联动、功能齐全、高效衔接的方式完善交通运输系统。近年来，已逐步构建起全球通达、全国集疏的大通道体系。

2. 构建国际物流服务体系

郑州以口岸发展为导向，全面对接国际市场，着力加强国际物流、区域配送、本地配送三大体系建设，大力发展跨境电商，加快打造“买全球、卖全球”的国际物流中心，不断拓展物流枢纽在全球范围内的服务输入与输出能力。河南电子口岸平台与14个联检单位实现互联互通，使进出口企业的关检重复申报减少30%以上，实现“一次申报、一次查验、一次放行”。国际物流已成为郑州物流和经济发展突围的重要抓手。

3. 依托物流环境打造现代产业集群

依托持续完善的物流条件，郑州加速了城市产业扩张。在资金要素方面，郑州做大做强投融资平台，成立了兴港、建投两大平台，主要从事空港产业孵化、股权投资、资本运作及战略并购业务，推动形成了智能终端、精密机械、生物医学、电子商务、航空物流、航空制造与维修、电子信息、现代服务八大产业集群，对经济发展的拉动作用显著。

第二节 国内外物流业发展新趋势

物流业是融合运输、仓储、货代、信息、物联网、人工智能、区块链等产业的复合型服务业，是支撑国民经济发展、引领产业供应链创新的基础性、先导性及战略性产业，物流业发展面临新的挑战和机遇。与此同时，大数据、物联网、云计算、5G等技术的广泛应用，深刻影响物流业，推动物流运行的网络化、集约化、信息化。

一、逆全球化将推动物流市场深刻变化

（1）从中长期看，我国国际贸易仍在稳健增长，为国际物流发展提供持续动力。我国构建以国内大循环为主体、国内国际双循环相互促进的新发展格局，将推动物流市场朝着更加开放、更高层次发展，我国与世界各国间的交通运输、物流、通信等基础设施连接更加紧密。

（2）从近期看，物流市场转型升级加快，将推动物流服务、品牌、创新、社会责任等向好发展，专业性国际物流企业和综合性国际物流企业将会不断发展壮大。

（3）从国际看，跨国物流企业深度参与物流领域投资发展，在引进资金、技术的同时，物流市场集中度会进一步提高。

二、区域增长新格局对城市物流要素集聚提出更高要求

中国正在进行大规模的城市化进程，都市圈、城市群、城市带等物流发展潜能将进一步激发。区域经济的协调统一发展将加快区域物流一体化进程，因此，有必要加快构建有利于东中西部、南北地区协调发展的物流服务体系。区域物流依托网络集聚发展，既对物流网络建设和服务要素提出了全新的要求，又带来了新的发展机遇。

三、消费升级催生我国生鲜冷链物流大发展

线上线下联动的冷链新型零售业态，推动了中国零售业转型。冷链物流发展潜力巨大，尤其是生鲜电商、蔬果宅配等快速增长，国内冷链物流市场新格局加快形成。《关于开展首批国家骨干冷链物流基地建设工作的通知》中提出，要依托存量冷链物流基础设施群建设一批国家骨干冷链物流基地，整合集聚冷链物流市场供需、存量设施，以及农产品流通、生产加工等上下游产业资源，提高冷链物流规模化、集约化、组织化、网络化水平。这对推动生鲜农产品产业化发展，促进城乡居民消费升级将产生深远影响。

四、可持续发展将驱动绿色物流体系建设

物流业在蓬勃发展的同时，也带来了较为突出的环保问题，因此世界发达国家普遍高度重视绿色物流发展。美国围绕推动社会经济持续发展，构建了现代化的物流发展目标，其规划聚焦供应链效率提升、绿色低碳转型等方向，通过完善多式联运体系、推广清洁能源运输等举措，实现物流行业与社会经济的协同发展。欧洲在绿色物流领域同样走在前列，相关行业组织积极推动绿色标准制定，在运输环节明确环保规范，对装卸、管理等流程进行优化，同时鼓励企业践行绿色理念，并借助技术创新加强绿色物流与交通规划的深度研究。此外，随着能源技术的加速进步，新能源运输装备（如电动货车、氢能物流车）和无人自动化设备在物流领域的广泛应用，也为行业绿色发展创造了有利条件，推动物流活动向低碳、高效方向转型。

五、三链融合推进物流业供应链服务能力不断加强

产业链、供应链、价值链的深度融合，将持续强化物流业的供应链服务能力。供应链的创新与应用，有助于加速产业融合与产业链构建，深化社会分工，提升产业集成与协同水平。从生产到消费的大循环系统建设，对物流服务各环节的有效对接、企业经营与交易成本的降低、供需精准匹配及产业转型升级，都提出了全新要求。为更深入、更广泛地融入全球供给体系、服务并引领“一带一路”建设，中国物流企业需不断提升现代供应链服务能力与水平。

第四章

北京物流产业发展现状分析

第一节　北京市物流业发展环境

一、市场需求保持平稳较快增长

从总体需求来看，北京市物流保持稳中有进的发展趋势，规模体量巨大，个体消费端需求旺盛。在“互联网+”背景下，新物流业态的出现使物流场景更加多元化。

（一）居民需求

1. 居民收入稳步增加

北京市经济发展稳中有进，居民生活水平不断提高，居民人均可支配收入逐年提高。2019 年北京市人均可支配收入为 67756 元，同比增长 8.7%，城镇居民可支配收入为 73849 元。

2. 居民消费能力大幅提升

2019 年北京市居民消费价格总水平比 2018 年上涨 2.3%。居民人均消费支出 43038 元，同比增长 8.0%。全年实现市场总消费额 27318.9 亿元，比 2018 年增长 7.5%，其中服务性消费额 15048.8 亿元，增长 10.2%；社会消费品零售总额 12270.1 亿元，较 2018 年增长 4.4%。社会消费品零售总额中，限额以上批发和零售企业实现网上零售额 3366.3 亿元，增长 23.6%，占社会消费品零售总额的 27.4%；限额以上批发和零售业企业实现的日用品类、家用电器和音像器材类、文化办公用品类零售额分别增长 25.7%、21.5% 和 6.4%。

3. 居民家庭生活逐步改善

随着经济结构的调整和北京市各项产业的不断发展，北京市人均可支配收入呈逐年增加趋势。2015 年，北京市人均可支配收入为 48458 元，2019 年人均可支配收入为 67756 元，较 2015 年增长 39.8%。从人均消费支出来看，2015 年居民消费支出为 33803 元，2019 年人均消费支出为 43038 元，较 2015 年增长 27.3%。

（二）产业需求

1. 制造业升级带动物流需求的发展

随着《中国制造 2025》的深入推进，京津冀区域作为中国北方的制造业聚集区，起到了引领作用，与世界制造业产生了更为紧密的联系，因此需要更快速、更高效且适应制造业供应链物流需求特点的通关服务。京津冀区域制造业急需跨区域的一体化海关与保税物流服务体系。随着京津冀协同发展的深入，北京的制造业物流企业将逐步发展成供应链服务型的综合物流企业，为区域内制造企业提供高效率、低成本、一体化、智慧化的服务。

2. 物流地产市场投资现状

随着物流地产市场需求的不断发展及新发展趋势的涌现，北京市原有的物流基础设施难以满足当地物流产业的发展需求。加之市场变化对物流科技和物流标准的要求不断提高，催生出物流地产业的兴起和发展。当前北京物流地产还处于上升发展期，一些国际知名企业和投资集团都对北京物流市场有着浓厚的兴趣。

3. 电商产业物流需求现状

近年来，北京市电子商务企业数量快速增加。北京市电子商务零售商及第三方物流服务供应商的需求极为旺盛。北京市电商产业成为拉动经济高质量发展的主要动力。未来，北京市物流市场需求的驱动力主要来自电子商务零售商与第三方物流服务供应商。随着电商产业带动物流需求的不断扩张，北京市仓库需求已出现供不应求的情况，导致仓库租金上涨。随着北京市新增供应商及新增物流基地逐步接近上限，未来可能带动京津冀地区物流市场的投资和发展。此外，位于北京新机场与雄安新区间的新兴区域，也将陆续迎来物流设施的新增供应。

4. 航空物流业市场需求现状

由于居民消费方式的转变和国内电商的快速发展，快递包裹已成为国内航空货运市场的重要组成部分。在国内航空物流业发展整体向好的背景下，北京市航空物流快速发展，市场内需和外需不断扩大。2019 年北京大兴国际机场正式启用。作为国家发展的一个新动力源，北京大兴国际机场依靠长远的发展规划、四通八达的交通网络、先进的设施设备以及丰富的腹舱资源，成为中国北方地区的航空货运枢纽。目前，京津冀机场群形成了北京大兴国际机场和北京首都国际机场航空货运枢纽的双核心，同时配以天津滨海国际机场的全货机优势，实现机场群的货运协同发展。

5. 服务业需求现状

北京经济结构以服务业为主，消费特征明显。2019 年地区生产总值保持增长，其中第三产业增加值增速领先，表明服务业已成为支撑首都经济发展、优化产业结构、保障充分就业、改善居民生活的主导产业，在经济社会全面协调可持续发展中发挥重要作用。金融业作为第三产业中的第一大支柱产业，有效带动优质资源向高精尖产业重点领域配置，引领首都产业更新与提升。

近年来，首都服务业结构升级趋势显著。“十三五”时期以来，传统商贸业持续发展，以金融保险、信息服务为代表的外向型服务行业快速成长，服务业内部结构逐步适配国际商贸中心城市建设需求，中关村科技园、金融街、王府井商业街、顺义空港物流基地等功能区也实现了快速发展。

（三）区域需求

1. 城市区域物流商业需求的升级

结合当前产业融合发展现状与城市生活消费品质提升需求，未来北京市商业体系尤其是末端便民设施将快速发展，城市区域物流业需求将呈现以数字化、电商化为主要特征的末端物流发展态势。同时，商业设施物流化、物流设备商业化将成为重要发展趋势，集成物流、商业等功能的集约化、高效化服务节点——城市便民综合服务体的建设将加速推进。此外，O2O 模式将进一步发展，电商与实体之间的竞争将逐步走向和谐融合，物流需求更趋平衡，还将带动物流服务向多样化、一体化方向发展。在城市生活性服务业快速发展的带动下，基于末端服务的跨界模式将进一步增加物流供给，送餐众包服务与快递服务的相互融合，也将为城市物流提供补充。

为适应居民对品质生活的需求，高效率、高水平的生鲜冷链物流服务需求将快速增长，除到店服务外，更多社区服务、到宅服务将迅速兴起，城市社区终端的物流服务需求与格局将发生重大变化。

2. 京津冀区域物流需求格局的优化

非首都功能疏解正快速影响北京乃至京津冀区域的消费物流格局，地理位置的调整必然导致原有的分销、物流、商流等发生重大变化。在此背景下，京津冀区域电商集聚发展，北京市电商物流将与区域电商集聚区紧密协同，尤其是与天津武清电商产业集聚区，在区域运输、中转、配送等方面加强衔接。在服务业扩大开放的背景下，未来北京的跨境电商将迎来更好发展，带动相关物流需求扩大，尤其涉及关检以及保税仓储、加工、配送等供应链一体化服务模式。

（四）国际需求

1. 国际航空需求不断扩大

北京航空枢纽作为全球航线网络的重要节点，国际和国内航空需求旺盛。由于北京的特殊政治、文化、科技地位，北京已经成为全球航空公司的重要网络布局点，形成了全国领先的航空网络体系。

2. 国际物流通道日趋完善

2019 年，北京已经形成了以航空为主的国际物流主通道，形成以辐射北美、欧洲、日韩地区为主的 24 小时物流圈。北京至纽约等远程国际城市的航程约为 13 小时。

经过长期的发展建设，目前北京面向国际的综合交通运输体系已经基本完善，形成了以航空为核心，以铁路和公路为辅助的多元化国际物流大通道体系。

二、发展政策环境不断优化调整

（一）京津冀协同发展加快推进

1. 发展政策全面落实

从首都政策上看，2018 年《北京市推进京津冀协同发展 2018—2020 年行动计划》发布，从疏解、承接、生态、交通、产业、创新、公共服务等多个方面作出了工作部署，指出要明确推进京津冀协同发展。从京津冀协同发展规划上看，《环首都 1 小时鲜活农产品流通圈规划》围绕京津冀地区新功能定位，提高环首都鲜活农产品的流通服务能力。

2. 新发展格局引领发展

北京市要率先探索形成具有首都特点的新发展格局，在国内大循环、国内国际双循环中主动作为、顺势而为。要牢固树立新发展理念、坚持服务和融入新发展格局，充分发挥北京市区位与资源禀赋优势，以技术创新激发内在发展新活力，通过供给侧结构性改革推动京津冀发展新动能，以高质量发展为目标，推动京津冀区域协调发展，形成中国特色发展新模式，在疏解北京非首都功能的前提下推动北京产业转型升级。

（二）物流产业转型升级发展政策明确

贯彻首都“四个中心”城市战略定位，着力调整城市物流功能布局和空间结构，优化城市物流网络体系。以资源要素空间统筹规划为主线，完善重要物流节点、物流通道建设，优化区域物流运行组织模式。加快城市末端配送网点建设，是北京市物流产业发展的主要发力点。积极发展农产品新型流通模式，全面提高农产品的流通效率，构建持续、稳定、安全、精准的农产品流通供应链。推动物流产业与科创产业融合发展，发挥物流产业对高端创新资源配置的支撑作用。积极培育大型社会化第三方物流企业，完善与上下游企业紧密配套、有效衔接的仓储配送设施。构建供应链管理信息平台，提供物流、金融、信息等综合集成服务。

（三）国际化服务政策日益加强

1.“国际交往中心”定位更加明确

积极贯彻落实《北京市国民经济和社会发展第十四个五年规划和二〇三五年远景目标纲要》《北京物流专项规划》。积极推动国际物流与城市物流的无缝对接与深度融合，结合“一带一路”建设和北京“国际交往中心”的定位，推动物流和商贸龙头企业共同组建国际物流市场主体，充分利用京津冀区域丰富的公路、港口、航空口岸和铁路资源，打通国际物流通道，开展跨境物流服务，促进跨境电子商务与国内市场融合发展。扩大商贸物流、电子商务领域的对外开放，积极构建服务全球贸易和跨境电子商务的物流支撑体系，为国际高端商贸活动及跨境电子商务提供物流保障服务。

2. 外贸企业国际化经营更加便利

随着北京市对外服务政策的便利性、开放性的增加，外贸企业规模持续扩大。为促进企业国际化经营更加便利，2022 年北京市印发《北京市外经贸发展资金支持北京市外贸企业提升国际化经营能力实施方案》，为外贸企业发展提供资金支持，提高外贸企业国际竞争力。政策出台后，一定程度上释放首都外贸企业活力，外贸市场需求持续旺盛。

第二节　北京市物流产业运行情况

北京市交通运输、仓储和邮政业 2018 年生产总值为 1346.2 亿元，占全市 GDP 的比重为 4.44%。全市社会物流总额和物流业务收入总体呈平稳上升趋势。

2019 年北京市交通运输状况总体呈平稳发展趋势，全年货运量 24462.9 万吨，比 2018 年下降 3.1%；货物周转量 782.6 亿吨千米，增长 0.3%。全年客运量 72149.2 万人，增长 6.8%；旅客周转量 2290.8 亿人千米，增长 3.2%。

2019 年，北京市快递服务企业业务量累计完成 22.87 亿件，同比增长 3.55%；快递业务收入累计完成 339.14 亿元，同比增长 2.45%。

在各类快递业务发展过程中，同城快递业务量累计完成 72746.98 万件，同比下降 37.05%；实现快递业务收入 73.70 亿元，同比下降 42.81%。异地快递业务量累计完成 153592.21 万件，同比增长 50.36%；实现快递业务收入 179.05 亿元，同比增长 37.77%。

国际及港澳台快递业务量同比有所下降。全年国际及港澳台快递业务量累计完成 2377.24 万件，同比下降 24.82%；实现快递业务收入 25.80 亿元，同比下降 12.48%。同城、异地、国际/港澳台快递业务量分别占全部快递业务量的 31.81%、67.15%和 1.04%；快递业务收入分别占全部快递业务收入的 21.73%、52.80%和 7.61%。与 2018 年同期相比，同城快递业务量的比重下降 20.51 个百分点，异地快递业务量的比重上升 20.90 个百分点，国际/港台快递业务量的比重下降 0.39 个百分点。

第五章

北京物流产业发展战略

按照《京津冀协同发展规划纲要》《北京城市总体规划（2016 年—2035 年）》等相关文件，北京将探索超大型城市减量发展、绿色发展、创新发展、高质量发展的路径，树立典范，着力建设未来亚太中心城市，向国际一流都市稳步迈进。

1. 坚持创新驱动，优化高精尖产业结构

北京市坚持“创新驱动”发展战略，改变“大而全”的经济体系，注重“高精尖”经济结构的优化调整和新兴业态的培育引导，利用“互联网+”等新技术、新业态推动传统产业的创新与提升，实现产业转型升级，着力提升全国科技创新中心的引领性。

2. 产业发展战略要求

北京市产业发展由扩张型规划逐步向限定城市边界、优化城市结构转变，通过分流和分散布局明确城市战略定位，围绕“一核一主一副，两轴多点一区”的大格局，坚持和强化“四个中心”的核心功能，深入实施“人文北京、科技北京、绿色北京”战略。一是构建“首都经济圈”。依托京津冀协同发展，疏解非首都核心功能，着力于产业结构优化升级，集中力量发展高精尖产业。二是强化核心区优势。进一步优化东西城产业布局，组建北京政治文化核心区，汇聚国际型人才，建设未来的亚太中心城市，彰显国际交往中心定位。三是加快建设北京城市副中心。通州重点发展节能环保、智慧城市、基础设施建设等领域，集中承接疏解出的非首都功能，联动廊坊北三县，提升城市管理现代化水平。

第一节　北京市物流产业发展形势分析

一、转型升级加快

1. 新一轮产业革命引领培育物流业创新发展

《中国制造 2025》的发布与实施，将加速促进我国制造业向智能化、高端化、精细化方向发展，同时也将提升供应链在可视化、协同化、全球化和稳健性等方面的要求。物流业作为生产性服务业十分重要的组成部分，将有利于帮助制造业提高其核心竞争力，推动物流业与制造业的深度联动与融合发展。

2. 高精尖产业集聚

首都制造业和批发业的物流需求会越来越少，而面向消费终端的配送物流服务需求会占主导地位。因此，北京物流业要把保障民生需求和维持城市运转作为起始点，加快疏解北京区域性物流基地和区域性专业市场，加速推进相关市场和物流中心的改造升级，切实提升城乡居民消费品质，提高各产业的竞争力，促进业态创新，加速专业化体系的建设、推动各产业转型升级、增强示范引领能力。未来北京市的高新技术产业在全球范围内会构建更多的供应链体系，需要更强大的国际化物流网络作为支撑，对航空物流的需求会进一步提升，临空产业发展会成为区域发展的重要推动力。

3. 发展更高层次开放型经济

坚持引资、引技、引智相结合，促进北京对外贸易的高质量发展，打造一个相互促进、联动发展，极具国际竞争力的双枢纽格局。推动北京各综保区的建设和高质量发展。支持企业“走出去”，培育本土跨国企业集团，坚定维护企业在海外的合法权益；建立国际合作产业园；加强与丝路基金等国家开放平台的对接。

4. 加快发展生产性服务业

《北京市人民政府关于进一步优化提升生产性服务业加快构建高精尖经济结构的意见》提出强化科技创新引领、信息覆盖应用、金融保障支持、商务融合渗透、流通高效连接，积极培育新业态，推动生产性服务业向专业化和价值链高端延伸，形成创新融合、高端集聚、集成应用、高效辐射的发展模式，不断提高生产性服务业对首都经济贡献度和发展质量效益，带动服务业升级换代和劳动生产率提高。

5. 大力发展战略性新兴产业和高端制造业

北京市促进现代服务业与先进制造业的协同发展，持续提高服务业与智能制造方面的竞争力；提高产业链供应链的现代化水平，以头部企业带动实施产业基础再造和重大技术改造升级工程，为重点产业链制定相应的配套政策；坚持智能制造、高端制造方向，巩固壮大实体经济的根基；大力发展集成电路、医药健康、新材料等战略性新兴产业。

6. 集约优化发展都市型现代农业

（1）优化都市型现代农业发展。紧紧围绕都市型现代农业生产、生活、生态、示范四大功能，集成首都科技、信息、金融等优势资源，支持高效节水农业、循环农业发展，加快农产品生产、收储、加工、运输、交易、检验检测等环节的信息化改造和标准化应用。

（2）强化都市型现代农业综合服务功能。强化农业生态服务、休闲度假、科研科普、城市应急保障等综合服务功能。

（3）促进农村集体建设用地集约利用。引导农村集体建设用地减量化发展，探索建立农村集体建设用地流转制度，以自主开发、联营联建等方式，对农村集体建设用地进行集约利用和腾退改造。

二、服务需求增强

1. 北京经济结构以服务业为主，消费特征明显

服务业已经成为支撑北京经济发展、优化产业结构、保障充分就业、改善居民生活的主导产业，在首都经济社会全面协调可持续发展中发挥重要的作用。随着我国人民消费水平不断提升，对国外优质产品和服务的需求将会大量增加，有利于跨境电商等新业态新模式的发展，进口导向的跨境电商物流将成为市场蓝海。

2. 调整提升流通服务业

北京市应充分发挥中央企业在石油、天然气、矿产品、贵金属、粮食等大宗商品批发业务方面的优势，搭建电子交易平台，增强“优进优出”和高效配置资源的能力；进一步优化城市配送网络，支持统一配送、共同配送、城市配送、电子商务物流等发展，运用现代信息技术、创新商业模式及金融服务配套等手段，提升流通业现代化发展水平；引导企业剥离物流业务，大力发展第三方物流；加快末端配送服务网点建设，鼓励发展集零售、配送和便民服务等多种功能于一体的末端配送网点。完善口岸功能，加强与跨境电子商务相关的快递转运中心建设。

三、技术进步加快

1. 智慧物流领域迎来爆发

《北京市加快新型基础设施建设行动方案（2020—2022 年）》中，鼓励

企业加大5G、人工智能等技术在商贸物流设施的应用，支持相关信息化配套设施建设。在车联网方面，打造国内领先的智能网联汽车产业链，逐步形成以智慧物流和智慧出行为主要应用场景的产业集群。

2. 物流业务流程数字化改造

互联网技术使物流业逐步由问题解决型向方案设计型过渡，新兴技术给物流业带来信息收集、精准匹配及产业链整合的机会。加快推进传统物流企业业务流程的数字化改造，是物流业未来发展的必然趋势；通过加强5G、云计算、大数据、物联网等新型数字基础设施的建设，按照数字化的要求对业务流程及组织管理体系进行重构，推动全流程的透明化改造，加快货物管理、运输服务、场站设施等数字化升级，以及推进新兴技术和智能化设备应用，提高仓储、运输、分拨配送等物流环节的自动化、智慧化水平。

3. 物流装备行业发展迅速

物流装备是物流业发展不可缺少的重要组成部分，大力提高物流技术装备发展水平，是现代物流发展的需要，也是整个社会转型升级过程中对物流装备的客观要求。目前，世界经济正在进入数字经济大发展的时代，越来越多的智能化技术和装备将持续应用于仓储物流的实际工作中。

4. 末端配送不断改善

北京市鼓励电商、快递企业与超市、便利店、社区商业综合体、商务楼宇等合作开展末端共同配送服务，支持共同配送网点信息化配套设施建设，提升末端配送集约化水平；鼓励发展“互联网+生活性服务业”，支持集在线交易、信息查询、服务推荐、消费评价及大数据分析等功能于一体的生活服务类平台建设。

第二节　北京物流产业发展定位及重点

一、发展战略定位

（1）搭建双循环、大循环数字化供应链平台。数字化供应链推动城乡区域要素双向流动，促进国内产业协调发展。在城乡循环上，数字化供应链打通农产品下行通路，为农产品开辟销售新渠道，配套相应的流通网络及金融服务，形成城乡供应的双向流通。在区域循环上，数字化供应链平台使供应链在更大空间范围内延长和重组，把传统区域分工体系纳入虚拟空间的分工体系中，有利于推进国内产业空间新布局。数字化供应链发挥资金、科技等循环枢纽的作用，激发国内产业活力。数字化供应链克服传统供应链金融的弊端，加速供应链资金流动，有效控制企业融资风险，释放了供应链上下游企业的活力。例如，供应链中大数据的使用解决了银行和企业信息的不对称，区块链对供应链金融传输中的信息实行了全程保真，提高了核心企业主动作为的积极性，也让各级供应商依托核心企业获得资金支持。

（2）保障民生和城市高效运转。北京城市物流配送体系进一步完善和优化，增强了保障民生消费和城市运行的能力，体现出北京城市物流便利、规范、高效、集约的特点。目前北京市正积极推动“大型综合物流园区（物流基地）+物流中心+配送中心”+“末端网点”的“3+1”城市物流节点网络体系建设。

二、产业发展重点

（一）优化空间布局

1. 物流基地

北京物流的功能定位是以保障首都城市运行为基础，以提高居民生活品质为核心，以城市配送为主要形式的城市基本服务保障功能。发挥物流基地对城市物流系统的重大基础性作用，强化物流基地对城市运行的服务保障功能。

2. 物流配送中心

物流配送中心应发挥关键环节作用，实现系统高效集约化运作，科学优化物流配送中心网点布局。有序引导市区内的物流配送中心向外部迁移，促进城市副中心低端物流业转型升级；提升铁路、公路货运站物流配送服务功能水平，并于北京市各交通干线枢纽建设多功能综合物流配送中心。

3. 末端配送网点

北京市以保障商贸业务和居民生活为核心目标，发展相应的末端物流，科学布局城市末端网点，提升城市配送服务水平与质量。高效整合现有物流末端网点设施，建设涵盖零售、配送和便民服务等多种服务功能的末端网点。加快推进共同配送网点在市区内和乡村的建设，鼓励商贸企业进行横向合作，共同进行末端配送。

（二）区域协同发展

1. 区域物流主体协同

京津冀区域物流主体应当发展集约化、协同化程度高的物流业，通过高效的资源整合，实现规模效益。

2. 区域物流环境协同

充分考虑全市各地区的各类优势，构建涵盖政府、行业协会、企业多个层级的区域物流协调机制，为区域物流政策的有效实施提供保障。依托京津冀区域物流平台建设，通过兼容供应链上下游企业信息数据系统，为区域物流企业协同发展提供一体化的物流信息服务。

3. 区域物流布局协同

充分发挥北京市在全国交通网络中的枢纽作用，依托城市重要物流基地、物流中心等关键节点，畅通物流通道，打造具备多式联运功能的、高效便捷的区域物流辐射网络体系，以增强区域经济辐射能力为核心，完善区域物流基地的服务功能。

第六章

北京物流产业创新发展路径

第一节　物流基础设施建设与发展

物流基础设施建设与发展，要推动“老旧基建”与“新建基建”的共同发力。一方面，结合北京产业布局的规划调整，提升区域多式联运的通道能力、城乡双向的流通能力，不断完善国际、区域、城乡物流网络的发展。另一方面，依托交通强国的建设任务，北京应大力建设智能交通基础设施、智慧物流枢纽等新型基础设施，构建数字驱动的网络基础。

一、完善传统物流基础设施

（一）提升物流节点和枢纽的通过能力

1. 提升航空港的通过能力

（1）加强国际合作，维护正常航运生产秩序。北京需要进一步发展连接世界重要枢纽机场和主要经济体的航空物流通道，推动完善国际物流体系的建设和技术标准的互认，开辟国际货运绿色通道、保障供需对接，加强运力调配，通过口岸接驳运输等方式，提升国际货运清关速度及中转效率，保障国际航运渠道畅通。

（2）加强空港航线网络布局规划及配套服务建设。在北京航空港的航线规划中，贯彻全服务和低成本的协同发展，完善干线机型与支线机型建设，促进民航、通用航空货运融合发展，建立直达航空客货运输通道，提升机场通达性和服务水平。同时，加强对多式联运综合性场站、航空货运枢纽、卡车转运中心、保税燃油基地、航空物流配套服务等场站和设施的多方联动，协同打造京津冀世界级机场群，形成“南北通达、连接东西、辐射全球”的国际与国内网络化航线布局。

（3）转变行政审批方式，优化空港营商环境建设。北京通过打造市场化、法治化、国际化一流营商环境，建立与国际规则接轨的商事登记制度，推进商事注册登记的便利化。培育“一网通办、一次办成”的政务服务改革工作，转变行政审批方式，落实好空港营商环境建设发展的基础性保障工作。

（4）加强单一窗口建设，支持建立大通关协作机制。北京依托电子口岸平台，建立国际贸易的“单一窗口”服务体系，实现部门间的信息互通、监管互认、执法互助。加强与“一带一路”共建国家海关合作，推动北京市与东盟、欧盟、美洲等国际贸易伙伴地区的跨境通关协作。全面实施“7×24 小时”的通关机制以及“提前申报”的通关模式，不断深化国际贸易“单一窗口”建设，提升口岸作业区到机场的进出口通关时效，压缩进出口通关时间。

（5）创新口岸监管模式，提高国际物流效率。北京支持港区与驻区监管机构发挥口岸经济优势，创新监管制度和监管模式，建设具有国际竞争力和创新力的海关特殊监管区域。推动功能性进口口岸和海关监管场地建设。推进重点领域和关键环节改革，建立高效便捷的申报制度、统一规范的通关制度、自由便利的特定区域监管制度。依托实验区口岸优势发展集综合加工、商贸流通、现代物流、文化旅游等于一体的口岸经济。

（6）优化检验检疫监管模式。北京按照防控质量安全风险和贸易便利化原则，创新检验检疫监管制度。

（7）支持跨境电子商务发展，打造国际航空货运枢纽港。北京着眼现代流通体系建设，对接知名电商、快递及物流企业航空体系的全球战略布局。

（8）加强航空港都市圈交通枢纽建设。京津冀腹地内航空、铁路、公路、水路线网和港口融合联动发展，建设航空、高铁、城铁、地铁、公路于一体的现代综合交通运输体系，依托航空港、铁路港、公路港、海港和各类口岸，提升货运中转和集疏能力，完善国际中转集拼和国际转口贸易枢纽功能，逐步发展以现代航空货运及多式联运物流体系为核心的现代流通体系。

2. 提升铁路车站的通过能力

（1）推动铁路多式联运型物流枢纽建设。加速建设具有公共属性的多式联运枢纽场站，完善铁路港进出道路的基础设施建设，搭建“公共挂车池”，大力发展甩挂运输，试点运营滚装运输，提升公铁联运的疏解效率。加快建设多式联运场站、吊装、滚装及平移等快速换装转运的基础设施。积极建设智能化铁路多式联运场站、公路短驳及转运设施，提升多式联运的换装效率及物流的全过程效率。

（2）建议政府有关部门出台规范铁路货运市场竞争的意见。加快推进科学有效的铁路运输市场税收以及相关补贴政策的落实，有序引导公转铁、水转铁等新的运输结构，将运输外部成本内部化，改善各类交通方式在运输结构中的合理分工，优势互补。北京要带头引导京津冀地区支持铁路干线集疏运系统的建设，推动便利铁路专用线进港、进矿、进物流园的政策落实，将铁路专用线的建设归为大型采矿、生产、物流企业的建设规范，推出财政补贴、税费优惠、减免限产等勉励机制，补齐公转铁运输“最后一公里”的短板。

（3）加大铁路货运开行的组织力度，扩充出入口岸通道能力。加强与国家有关部门、地方政府和有关企业的对接，呼吁地方有关部门提高运力的配套支持，了解企业订单及相关备货情况，承接好运输需求，及时增派力量，保障班列的顺利开行。同时，加强铁路货运集结中心站建设和重点路段、口岸站扩能改造，加强运输装备的调配，切实保障铁路口岸运输顺畅，提高铁路运输组织效率。

3. 提升物流园区的中转效率

（1）优化园区空间布局，提升集疏运能力。按照京津冀区域物流体系空间布局，启动新一轮物流园区规划建设。做好物流园区基础设施建设，加强物流园区的集疏运体系建设，强化物流园区与城市道路、交通枢纽的充分对接，为提升多式联运、甩挂运输效率创造条件。完善物流园区配套基础设施的建设，结合货运枢纽、口岸服务、保税服务等不同类型物流园区的特点，以仓储为核心，提升集疏运能力。

（2）构建“统仓统配”物流体系，促进仓配高效衔接。科学分析、超前布局。物流园区建设实现了储运一体化资源配置，有效减少市内中转、装卸、搬运次数。主要包括：智能立体仓储中心建设，配置托盘、周转筐等标准化集装单元，为电商、快消品等商户提供专业仓储服务。推进高效自动分拣平台建设，使用智能化分拣设备，为电商、快消品等商户提供“多批次、小批量、高频次”的自动化分拣、分拨服务。

（3）深度融合信息技术与物流园区的运营管理。依托国家交通运输物流公共信息平台等，完善物流枢纽间综合信息的互通互联机制，提升信息共享水平及运行协调能力，提升物流供需匹配效率，加强干支线运输、城市配送的一体化衔接。积极鼓励有条件的物流园区完善自动化“无人场站”、智能化仓储等现代物流基础设施，以信息技术的融合促进运输、仓储、装卸搬运、分拣、配送等作业效率以及管理水平的提升。

（二）提升区域多式联运通道能力

提升区域多式联运通道能力可以提高物流运输效率，降低企业成本，便利群众生活，促进经济社会持续健康发展。

1. 加强高效物流基础设施建设

按照便捷、高效、通畅的要求，结合京津冀协同发展战略，完善物流基础设施，优化物流空间布局，健全物流通道体系。进一步完善综合运输通道和区域性物流节点城市的物流基础设施，提高互联网和移动通信网络搭建水平，实现物流基础设施的互通互联，构造高效的物流基础设施网络。

2. 加快智慧物流建设

深化智慧物流技术推广应用。推进互联网、物联网、大数据、云计算、北斗导航、生物识别等现代信息技术在物流跟踪、认证、交易、支付、监管、信用评价等环节的应用推广，大力发展产品追溯、车辆调度、产品分拣、智能快递、无人配送以及智能配货等技术设备，推进运输、仓储、配送等物流环节的智能化建设，鼓励物流企业积极采用物流新技术、新装备，引导制造企业推进物流配送智能化改造，提高物流行业技术装备水平。

3. 推进多式联运网络化建设

加强多式联运基础设施和信息系统建设，提高不同运输方式间基础设施衔接水平，着力构建中转联运设施高效对接、信息资源整合共享、运营服务标准规范的多式联运网络化组织体系，实现运输资源的高效整合和运输方式的无缝衔接，显著提高运输组织效率。

推行多式联运全程服务一体化。探索多式联运的创新组织模式，完善多式联运运营组织一体化的解决方案。开展以集装箱铁水联运、铁公联运为重点的“一单制”试点工作，探索一站托运、一次收费、一次认证、一单到底的物流“一单制”全程无缝运输服务模式。

开展多式联运示范工程的建设。加强铁路、公路、水路和民航运输在一体化组织中的货物交接、责任划分、合同运单、保险理赔等方面的信息互通互联，提升不同运输方式间标准规范的衔接水平，提升多式联运的网络化管理能力。

（三）加快完善国际、区域、城乡物流网络

1. 延伸强化国际物流网络功能

充分发挥丝绸之路经济带的辐射效应，利用好北京与相关国家和地区的国际铁路联运通道优势。依托铁路口岸探索海铁联运等多式联运的运作模式，可以提升商贸物流、电子商务领域的对外开放水平，完善服务全球贸易和跨境电子商务的物流支柱体系，构造立足北京、面向区域、辐射"一带一路"的国际物流网络，为国际高端商贸活动及跨境电子商务做好物流保障服务。

2. 加强区域物流网络运作能力

优化北京物流设施的布局，疏解区域性物流功能，推动京津冀协同建设物流的基础设施。扶持和鼓励企业联系区域经济发展和功能定位需要，在北京周边枢纽城市共同建设多功能物流节点和现代化仓储的物流基地，搭建好生活必需品的供应物流网络。提升产业对接协作效率，完善需求对接的服务机制，推进区域融合发展。充分发挥大兴京南物流基地的区位优势，利用好京津冀区域联动功能，打造京津冀一体化的重要物流枢纽。

3. 完善城乡物流网络配送体系

整合利用现有的物流服务设施，扶持并鼓励建立集零售、仓储、配送和便民服务等功能于一体的末端配送网点。在城市社区和村镇布局建设共享配送网点，鼓励商贸企业在末端配送领域开展横向合作。鼓励对现有城乡邮政设施、商业设施、便民服务设施等物流基础设施进行整合利用，不断提升末端配送网点的服务功能。加速完善农村现代化的流通体系，科学布局农村配送服务网点，提升末端综合服务能力。

二、打造基于技术创新的新物流基础设施

新物流基础设施产业链的建设以5G、工业互联网、大数据中心、人工智能、新能源充电、城际高铁、特高压为七大核心。"信息网""能源网"和"交通物流网"三大数字化基础设施模块是新基建的核心组成部分。物流行业最接地气的落地场景就是国家物流枢纽及重要物流基础设施的建设，要以集数字化平台、智能物流、智慧供应链于一体的产业为载体，推动物流新基建的建设。

（一）打造融合高效的智慧交通基础设施

1. 智慧公路

大力推广先进信息技术的应用，不断提高公路基础设施规划、设计、建造、养护、运行管理等全要素、全周期数字化水平。不断推进电子不停车收费系统（ETC）门架、公路感知网络、智能视频分析等技术的应用，建立集监测、调度、管控、应急、服务于一体的智慧路网云控平台。基于重要运输通道，支持智慧公路示范区的建设。大力推进公路智能养护设施设备的使用，提升在役交通基础设施检查、检测、监测、评估、风险预警及养护决策、作业的快速化、自动化、智能化水平，提高重点交通基础设施自然灾害风险防控能力。

2. 智慧铁路

铁路部门依托信息化与现代控制技术，提升铁路路网列车调度指挥及运输管理的智能化水平；完善铁路智能监测检测设施，实现对机车等载运装备及轨道、桥梁、客运站等关键设施服役状态的在线监测、远程诊断和智能维护；搭建智能供电设施，实现智能故障诊断、自愈恢复等功能；推广智能高速动车组，开展时速600公里级高速磁悬浮列车、时速400公里级高速轮轨客运列车的研发及试运营；提高智能建造能力，提升铁路工程建设信息化、智能化、绿色化水平，推进建筑机器人、装配式建造、智能化建造等相关设施的研发与应用。

3. 智慧民航

推动机场信息基础设施建设，实现各项设施全面物联，打造数据互通互联、协同高效、智能运行的智慧机场。推广应用智能化作业设备，在智能运行监控、少人机坪、机坪自主驾驶、自助智能服务设备、智能化行李系统、智能仓储、自动化物流、智慧能源管理、智能视频分析等领域实现突破。推动完善内外联动的机场智能综合交通体系。发展新一代空管系统，推进空中交通服务、流量管理和空域管理等智慧化升级。推动机场与航空公司、空管、运行保障及监管等单位间核心数据的互联互通与共享，完善对接机制，搭建大数据信息平台，实现航空器全球追踪、大数据流量管理、智能进离港排队、区域管制中心联网等功能，提升空地一体化协同运作能力。

4. 智慧邮政

在邮政快递转运中心推广与应用自动化分拣设施、机械化装卸设备。大力推广搭建智能收投终端和末端服务平台。推进无人仓储建设，打造无人配送快递网络。构建智能冷库、智能运输和快递配送等冷链基础设施。推动库存前置、智能分仓、科学配载、线路优化，完成信息协同化、服务智能化。推广智能安检、智能视频监控和智能语音申诉系统。建设邮政大数据中心。开展新型寄递地址编码试点应用，大力发展智慧邮政水平。

（二）建设布局合理、运营高效的智慧物流园区（基地）

按照市场需求合理规划、科学建设具有较强辐射能力、可提供跨区域服务且信息化创新能力较强的智慧物流园区（基地）。加速推进物流园区基础设施现代化建设，实现园区数据监控和物流流程监控全覆盖，达成园区内部各个功能区之间的互联互通。在园区企业运营中，大力推广与应用先进物流技术和产业装备，通过提供整体业务解决方案，推进园区企业的有序竞争和互相合作，提升物流园区服务的整体水平。扶持与鼓励智慧型物流企业落户园区，孵化智慧物流产业。利用信息化手段，统一园区内部管理和对外合作，搭建服务园区内外的电子商务平台及信息管理系统，完成公共管理和服务智能化。

（三）搭建深度感知的智慧化仓储管理系统

扶持与鼓励相关企业建设自动化物流仓储中心，鼓励企业通过信息化手段，整合订单运营、分拣加工、客户服务等功能，搭建智慧化仓储管理系统。利用二维码、无线射频识别等感知技术，提升货物信息在仓库管理流程中数据录入的准确性和效率，保证企业及时准确地掌握货物运转情况，科学保持和控制企业库存。利用商品编码技术，提升各类订单需求的出入库处理能力，智能管理库存货物的批次、保质期等，实现智能盘点。通过信息系统的库位管理功能，准确掌握所有库存货物所在位置，不断提升物品拣选、传送、识别等设备的自动化水平，推广应用高性能货物搬运设备和快速分拣技术，提升仓库管理工作整体效率。有效衔接仓储管理系统与制造企业和终端零售企业的信息系统，精准对接供需信息，提高货物调度效率。

（四）构建高效便捷的智慧化末端配送网络

鼓励并扶持物流、电子商务、快递等企业和专业化末端配送企业开展多方合作，利用信息化手段，整合末端配送资源，实现末端配送的专业化、统一化、智慧化，构建基于互联网的末端物流配送体系。大力推动配送企业与社区服务机构、连锁商业网点、大型写字楼、机关事业单位、大学校园等单位合作，建立物流末端配送站。积极推广以自助电子快递箱、智能快递站等为代表的智慧末端物流设施，提升自助设施的人性化体验和使用便捷性。

（五）完善科学合理的智慧化物流分拨调配系统

提升分拨效率，促进物流园区、仓储中心、配送中心货物信息的精准匹配，加强人、货、车和物流服务信息的有效对接。科学优化配送路线，通过大数据技术采集路况信息，构建交通状况模型，对接智能交通系统，基于实时路况动态调整配送路线，实现自动调配。鼓励与扶持运用北斗等导航定位技术，实时记录配送车辆位置及状态信息；依托云计算实现供应商、配送车辆、门店、用户等各环节的精准对接。同时，加强流程控制，利用信息技术对物流配送的车辆、人员、环境及安全、温控等要素进行实时监测及反馈。

（六）搭建互联互通的智慧化物流信息服务平台

高效整合物流的供需资源，在平台提供采购、交易、运作、跟踪、管理和结算等整套服务，加强现有各平台间的数据共享，实现线下线上同步整合。利用智慧化物流信息服务平台，对物流业务分布特点、货源结构、流向分布及车源结构等大数据进行挖掘分析，为客户提供定制化服务，提升用户管理、运作、决策和竞争能力，并提高与物流业发展配套的金融、法律、咨询等服务的信息化水平。该平台可推动生产企业、商贸企业与物流企业的信息互通及联动发展，带动产业链上下游协同发展。

（七）提升物流配送标准化、单元化水平

加速研发、制定和推广物流信息技术、编码、安全、管理和服务等方面

的标准，完善物流信息化标准体系建设。大力开展物流标准化专项行动，鼓励行业协会、重点龙头企业、物流信息服务企业、高等院校、科研机构参与物流信息标准的制定和宣传工作。利用信息化技术，对物流全流程进行监控，推进物品在起始地整合为规格化、标准化的货物单元，并且保持单元化状态直至终点，从而进一步提升物流效率。

（八）提升物流企业信息管理和技术应用能力

支持相关企业在仓储、分拣、包装、配送等各环节应用先进适用的物流设备设施，提升作业自动化水平；深入推动物联网、云计算、大数据等新技术的应用，并大力支持电子标识、自动识别、信息交换、智能交通、物流经营管理、移动信息服务、可视化服务和位置服务等先进适用技术的应用。

第二节　国际物流供应链组织模式创新

一、国际航空物流供应链

（一）航空制造供应链服务

航空制造供应链服务是航空运输业的衍生产业，也是航空运输业持续发展的重要保障。发展服务于航空制造业的专业供应链服务，对于健全综合交通体系、扩大就业及促进服务业转型升级都具有重要意义。

目前，北京枢纽已经集聚了中国航空器材有限责任公司、维斯伯·蒂锐（北京）金属材料有限公司等国际巨头企业，这些企业承担着“航材共享平台”的角色。建立航材共享平台具有巨大的经济效益、社会效益和重大的国家战略意义，通过发挥行业规模优势，提升集中采购议价优势，可以为行业节约成本；通过发挥行业资源整合优势，实现航材库存集中管理，减少航材的重复配置，可以为行业减少重复库存；通过资源整合与规模扩大，打造全球最大的航材保障支援中心。

（二）医疗供应链服务

随着人口老龄化的加剧，大众对优质医疗资源的需求越来越旺盛。医疗器械作为医疗过程中不可或缺的角色，其发展受到了越来越多的重视。医疗器械产业整体发展前景良好，也为医疗器械专业物流提供了广阔发展机遇。目前，北京市很多医院的大型器械要求在 2 个小时内维修，这也对医疗器械备件物流的及时率提出了要求。北京枢纽基于“线上供应链服务平台+大数据”分析系统，可以实现医药供应商采购与结算在线化，降低信息匹配成本；并通过全面的数据标签、数据模型和 IT 系统，实现数据驱动的供应链管理和精准营销，使物流方案整体可视化。

（三）跨境电商供应链服务

北京依托 UPS（美国联合包裹）、联邦快递等国际物流企业及中国邮政、顺丰等国内物流力量，将海外仓货物根据订单需求进行分拣、包装及规模化递送，先运送至空港物流枢纽，再转运至终端客户。同时，整个供应链体系的数据均上传至空港物流枢纽搭建的云服务平台，实现订单全程可追踪，不仅有效降低订单丢失率、拓展运输品类，还解决了小包时代成本高、配送周期长的问题。

二、国际物流供应链服务平台

（一）搭建多货类、分行业的供应链子平台

北京市供应链物流经过多年的发展积累了一定经验，针对医疗、航空制造的供应链物流服务体系较为完善，对促进医疗、航空制造业发展，提升金属材料流通效率发挥了积极作用。围绕工业标准件等细分行业、细分货类，加快引入龙头企业，促进其与金融机构、经销商、代理机构、城市配送企业等各类主体合作，搭建专业细分的供应链子平台，为医疗、航空等制造业的供应链业务集成发展提供基础支撑。

（二）信息化管理平台

信息化管理平台应由政府联合企业，创建以国际物流为基础的、面向买

家与卖家的国际供应链电子商务平台，充分发挥资源整合优势，为客户提供高效、低成本、一站式信息集成服务。

信息化管理平台整合制造企业、物流企业、金融、保险、口岸监管等主体的各种数据和信息资源，设置了公共信息服务、通关服务、增值服务、行业资讯、物流企业等主要栏目，旨在建立一体化的运营平台，全面提高物流各环节运营效率、大幅降低物流成本、持续改善通关服务水平、推进电子商务应用发展。

三、国际供应链金融服务中心建设

国际供应链金融以核心企业为出发点，基于供应链链条的交易关系和担保品，在供应链运作过程中由银行等金融机构向客户提供的融资、结算和保险等综合金融服务。建设跨境供应链金融特色功能区的主要任务是构建产融一体化体系。

（一）打造供应链生态圈

坚持引进和培育并举，以“平台建设+核心企业”为抓手，整合政府资源和企业资源重点发展供应链综合服务、跨境商品线上线下贸易、供应链融资服务，大力开展供应链金融创新和应用，增强供应链协同效率和集成效益，促进供应链企业做大做强。

构建以服务为主的供应链企业综合服务平台。运用区块链和大数据，整合信息资源，为供应链上下游企业提供一体化供应链综合服务，建设“一带一路”海外仓。

（二）集中发展临港金融业

建设跨境人民币结算中心。充分发挥北京金融机构优势，加快构建国际业务团队，拓展跨境结算和融资业务。争取国内外优质金融机构在港区设立跨境人民币结算功能性总部，鼓励开展跨境大宗商品交易。加大招商引资力度，支持跨国企业在港区设立全球或区域结算中心，鼓励开展跨境双向人民币资金池业务。扩大金融对外开放，引入外资银行，鼓励开展跨境供应链保险业务。

大力发展金融新业态。实施内资融资租赁和商业保理试点，支持企业设立商业保理公司，支持金融机构设立融资租赁公司，支持融资租赁企业兼营与主营业务有关的商业保理业务，鼓励银行与商业保理企业合作发展保理业务。

第七章

北京物流产业组织发展政策

第一节　物流产业协同组织发展政策

一、物流产业总体发展

（1）推进物流业与北京产业结构调整、优化相协调。

物流业具有跨部门、多环节的特点，且服务业态与服务种类丰富多样，这决定了物流业的发展需与北京市产业结构的调整优化相协调，这是其内在要求。推动物流业与工业协同创新升级，助力制造业供应链、产业链向高层次、高水平延伸；强化新能源汽车、智能装备、集成电路等高端制造业的众包物流、定制化服务及供应链集成功能，促进制造企业生产方式向柔性化、智能化、数字化、精细化、绿色化转型。同时，支持都市型现代农业与物流协同发展，加快农产品生产、仓储、加工、运输、交易、检验检测等环节的农业物流标准化建设，进一步完善农业地方标准，扩大可追溯农产品的数量与范围；加快农村地区交通、信息等物流基础设施建设，推动农村电子商务发展，着力提升农村地区信息、流通等服务能力。

（2）推进物流基础设施建设与北京发展战略相协调。

完善交通运输基础设施及综合运输网络布局，加快各种运输方式衔接配套的基础设施建设，提升资源利用率和物流运行效率。大力发展多式联运，重点完善集疏运体系，打通铁路、港口码头、机场及公路连接通道，重点提升物流设施的系统性和兼容性。发挥市场对资源配置的决定性作用，整合利用现有物流基础设施，通过整合资源、完善功能和提高服务水平，适应现代物流组织与管理服务的需要。统一规划建设铁路、港口、公路和机场等转运设施，提高物流园区布局的合理化，强化中转联运设施建设，预防新的分割和不衔接情况发生。加快仓储设施规划及建设，在大中城市周边和制造业基地附近配套建设现代化的配送中心。

（3）推进物流技术应用与创新。

利用现代技术完善传统物流业务流程和经营业态，加快先进技术、装备和设施在物流企业中的应用。利用 5G、GIS、GPS 等技术手段推动物流企业业务创新，拓宽物流服务业态，满足客户的全程监控、智能优化、服务定制等个性化现代服务要求，重点满足电子商务物流、冷链物流、医药物流、社区物流服务、物流信息平台等新型业态的需求，不断开拓物流应用新领域。

（4）推进绿色物流可持续发展。

支持引导物流业使用能耗低、排放低的运输工具，支持物流企业更换新能源运输车辆，加快城市绿色货运配送体系建设。全市普及物流节能环保技术，加快节能型绿色仓储设施规划与建设，大力推进新型信息化立体仓储设施及分拣装置的示范应用，减少仓储环节的废弃物排放。充分发挥铁路物流在可持续发展方面的优势，深度开发利用京津冀地区铁路资源，发展铁路运输与城市物流配送相结合的新模式，提升空间资源的集约化程度，减少公路运输工具使用频次，进而降低污染物排放。推广使用标准托盘，提高包装物的循环利用水平，构建绿色、可持续发展的物流体系。

（5）推进城市应急物流体系建设。

构建统一协调、反应迅捷、运行有序、高效可靠的城市应急物流体系，打造具有多种应急能力的物流中心，建设一批具有多种应急能力的物流企业。同时，加强应急仓储、中转、配送设施建设，提升应急物流设施设备的标准化和现代化水平，提高应急物流效率和应急保障能力。建立和完善应急物流信息系统，规范协调调度程序，优化信息流程、业务流程和管理流程，推进应急生产、流通、储备、运输环节的信息化建设，实现应急信息交换与数据共享。制定应急物流预案，建立和完善覆盖全市的应急物流保障系统，选择和培育一批具有应急能力的物流企业，增强快速反应能力。

（6）推动专业物流优化资源配置。

服务首都优势产业和战略性新兴产业发展，以汽车、电子、医药等行业为重点，运用供应链管理和信息技术，促进制造业与物流业联动发展。推动现代物流与电子商务的集成发展，积极发展快递物流。引导并支持制造企业和商贸企业聚焦核心业务发展，将物流业务外包或独立运营，提升物流发展的社会化水平。支持第三方物流企业发展，逐步提高行业集中度，促进集约化经营。同时，发挥首都区位优势，强化与周边地区的深度合作，整合区域资源，服务区域经济发展；加强国际航空港、铁路集装箱中转站、公路货运场站等枢纽设施建设，推广多式联运，积极发展集装箱运输、甩挂运输等现代运输方式。引导国际货代、报关、报检、船运公司等服务企业规范发展，吸引具有全球经营网络及供应链管理能力的物流企业落地，提升国际物流发展水平。

（7）推进物流运作模式创新。

①城市末端配送模式创新。

鼓励满足商业活动和市民生活需要的末端物流发展，提升末端网点布局水平，进一步提高城市配送服务水平，推动物流组织模式改革，普及末端集中配送、共同配送等模式。整合利用现有的物流服务设施，支持建设具有零售、配送和便民服务等多功能的末端配送网点。

②多式联运模式创新示范。

提升铁路、公路、航空及水路等运输方式在基础设施、物流装备等方面的标准化水平，优化京津冀区域社会运力配置。在京津冀地区开展货物多式联运试点，提升多式联运基础设施衔接水平，推动多式联运组织模式的创新、加快快递转运装备技术的推广与应用，创新甩挂运输组织模式，构建完善的综合物流体系。提高公路、铁路、水路等运输方式信息平台的开放程度，将其与社会化物流信息平台对接，通过信息共享提高运输组织效率，充分利用既有铁路存量物流资源。以电子商务为依托，打通公海、海铁联运通道，建设跨境电子商务多式联运物流体系。

③冷链物流模式创新。

推动冷链物流发展，完善冷链基础设施，推动冷链物流装备及技术的创新与应用，构建功能完善、布局合理、技术先进的生鲜食品冷链物流配送服务网络。加快推动冷链物流标准体系的构建，依法合规监管食品冷链物流运行，利用信息技术和冷冻冷藏技术，强化对冷链物流的监管力度，完善冷链物流监控体系、追溯体系，保证生鲜食品在生产流通各环节的安全。创新发展冷链配送模式，构建上下游高效衔接的全程冷链物流服务体系。

④物流信息平台创新。

发挥物流信息平台在优化整合物流资源、促进信息互联互通、提高物流组织化程度中的重要作用，扶持运输配载、跟踪追溯、库存监控等各类专业化、特色化的物流信息平台创新发展，提供追踪溯源、数据分析、担保结算、融资保险、信用评价等增值服务。推动物流信息平台与供应链上下游企业系统对接，增强协同运作能力。

二、物流产业区域发展

（1）合理优化区域物流配送中心布局。

发挥物流配送中心在物流系统集约高效运转中的关键作用，科学规划其布局。对主要承担生活必需品配送保障的现有物流配送中心实施升级改造，拓展服务功能，提升运行效率；引导城市中心城区的物流配送中心加快向外转移；稳步调整清退城市副中心的低端物流业态；对不符合首都城市定位的区域性批发市场及区域性物流配送中心，加快向津冀地区转移。同时，推进公路、铁路货运场站改造，进一步完善物流配送服务功能，并依托航空、铁路、公路等环京交通干线枢纽，建设功能完善的新型综合化城市物流配送中心。

（2）强化区域深度合作，拓展物流业发展空间。

发挥首都综合优势，加强与周边地区的区域物流合作，建立政府、企业、中介组织等多层次紧密合作机制，并创办环渤海区域物流合作论坛。同时，加强协调联动，推进区域间口岸合作，加快“大通关”建设，积极探索公路、铁路、海运、航空等联合运输新模式，提升物流基地的口岸服务功能。此外，依托本市产业高端化优势，对参与外埠市场竞争、输出技术和管理且取得良好经营业绩的企业给予政策与资金支持，助力企业拓展发展空间。

三、城市物流配送发展

（1）加强城市物流网络建设。

北京市各物流基地应根据自身交通、区位、政策等优势明确目标定位，吸引具有不同功能的物流企业集聚；完善以航空货运枢纽为特征的空港物流功能，加快马驹桥、马坊物流基地海陆联运体系建设，进一步强化京南物流基地公铁联运服务功能。

物流产业要以服务城乡建设和市民生活为主要目标，推动首都物流末端共同配送网络建设，积极开展城市物流末端配送试点，扩大物流配送服务的覆盖范围。

以公路、铁路、航空为基础，建设综合立体交通网络，构建与交通线有效衔接的物流网络。加快城际间干线运输等重要物流节点的建设，主要包含铁路中心站点、公路联运物流中心和公路物流中心，构建多种运输方式有效衔接的“立体化”物流体系。

（2）加快农产品配送现代化建设。

加快在农产品产地及市场构建冷链物流和配送体系，优化鲜活农产品物流配送中心布局，构建完善的农产品配送网络。推广农超对接、农产品基地直供直销等多种产销衔接模式，推动农产品生产基地、绿色食品生产加工基地建设，提高物流效率，降低物流成本。引导开发农副产品信息平台，推动市场准入、检测结果和质量可追溯的标准化建设，确保农产品的质量符合国家相关标准。借助口岸建设，建设效率高、成本低的国际农产品进出通道，保障市民对国外农产品的需求。

（3）完善食品冷链物流配送服务网络。

大力发展冷链物流，加快冷链物流配套设施建设，加大冷链物流装备与技术研究投入，构建布局合理、设施设备先进、功能完善的生鲜食品冷链物流配送服务网络。建立健全冷链物流标准制度，强化对食品冷链物流的监管力度，依托信息技术和冷藏冷冻技术，构建全程可控、可追溯的冷链体系，保证生鲜食品在生产流通各环节的品质和安全。创新冷链配送模式，构建上下游有效衔接的全程冷链物流体系。

（4）推广应用高效便捷物流新模式。

依托互联网、大数据、云计算等先进信息技术，大力发展“互联网+”车货匹配、“互联网+”运力优化、“互联网+”运输协同、“互联网+”仓储交易等新业态、新模式。加大政策支持力度，培育一批骨干龙头企业，深入推进无车承运人试点工作；通过搭建互联网平台，创新物流资源配置方式，扩大资源配置范围，实现货运供需信息实时共享和智能匹配，减少迂回、空驶运输和物流资源闲置。

四、城乡物流一体化发展

（1）加强基础设施网络建设。

引导快递企业依托全国性及区域性物流节点城市、国家电子商务示范城市、快递示范城市，以提高生活性服务业品质为中心，优化布局，构建层次合理、供需匹配的物流配送网络。优化物流基地、配送中心、末端配送网点等多级配送节点的布局，促进物流业态升级调整，逐步提升其保障城市运行和服务民生的能力。加强快件处理中心、航空及陆运集散中心和基层网点等网络节点建设，构建层级合理、规模适当、需求匹配的电子商务快递物流网络。优化农村快递资源配置，健全以县级物流配送中心、乡镇配送节点、村级公共服务点为支撑的农村配送网络。

（2）完善城乡物流网络节点。

支持地方建设城市共同配送中心、智能快件箱、智能信包箱等，缓解通行压力，提高配送效率。加强配送车辆停靠作业管理，结合实际设置专用临时停车位等停靠作业区域。加强交通运输、商贸流通、供销、邮政等相关单位物流资源与电商、快递等企业的物流服务网络和设施共享衔接，逐步完善县乡村三级物流节点基础设施网络，鼓励多站合一、资源共享。加强物流渠道的安全监管能力建设，实现对寄递物流活动全过程跟踪和实时查询。

（3）鼓励快递末端集约化服务。

支持快递企业开展共同投递服务，加快末端快递网点的建设，开展联收联投试点。整合现有的邮政设施、商业设施、便民服务设施等，建设具有配送、零售和便民服务等多功能的快递配送终端，拓展末端网点的服务功能。在现有的快递末端配送、服务资源的基础上，开展快递企业、电子商务企业与连锁商业机构、便利店、物业服务企业、高等院校合作试点，打造一批运营规范、管理有序的末端物流标杆企业，提供集约化配送、网订店取等多样化、个性化服务。

（4）创新城乡双向流通体系和配送模式。

加快农村现代流通体系建设，提升农村配送网点布局合理性，拓展末端服务网点功能，构建并完善农产品流通体系，拓宽农产品流通通道，提升农产品“进城”和电商物流“下乡”的双向农村物流效率，从而进一步提高农村居民收入水平和生活便利程度，促进农民增收。加快商超企业的夜间卸货设施建设，引导配送需求大、配送频次多、商品种类适宜的商超企业和配送企业联合开展夜间配送。

第二节　物流产业组织发展投融资政策

一、基础设施

（1）推动金融机构和业态模式建设。

积极融入国家金融改革中，顺应人民币市场化、国际化变化，加快国家金融中心建设，为亚投行、丝路基金等国际金融机构在京发展做好基础性服务，努力在京建立国际化货币清算结算中心。为在京金融机构发展营造良好的环境氛围。引领全国中小企业股份转让系统、机构间私募产品报价与服务系统、本市区域性股权交易市场创新发展。拓展互联网金融、商业保理等业态，强化属地政府监管，预防、化解各类金融风险。

（2）加强金融市场体系建设。

不断丰富金融市场业务，形成功能全、层次广的金融市场体系。积极拓展金融市场的产品和工具，推广企业（公司）债券、资产支持债券，开展项目收益债券试点，探究外币债券等其他债券品种的发展；加快推动一级、二级债券市场的建设，使二者相互促进发展；打通银行间债券市场和交易所债券市场连接通道，开展上市商业银行进入交易所债券市场试点工作。以投资者资产配置和风险管理为导向，依据高标准、稳起步和严监管的原则，逐步推出以股指、汇率、利率、股票、债券、银行贷款等为基础的金融附加产品。

（3）建立健全融资担保体系。

建立健全北京市政府性融资担保体系。政府出资建立的融资机构要以服务公众、非营利性为定位，不断降低甚至取消反担保要求。对主要面向民营企业和小微企业发放贷款的商业银行，适当提高风险分担比例和贷款合作额度。支持有条件的地区设立民营企业和小微企业贷款风险补偿专项资金、引导基金或信用保证基金，将首贷、转贷、续贷作为增信服务的重点对象。探索打通融资担保公司与人民银行征信系统的对接通道。鼓励金融机构利用公共信息为物流企业提供信用产品及服务。不断加强守信激励和失信惩戒力度。

（4）不断完善金融服务水平建设。

拓宽金融服务方式及手段，积极建设电子交易系统，打通各类金融信息系统、市场交易系统连接通道，低成本、高效率提供金融产品服务。统筹金融服务设施建设和布局，建立统一高效的现代化金融支持体系，推动北京市金融市场效率和服务能力跃上新台阶。将具有信用评级、资产评估、融资担保、投资咨询、会计审计、法律服务等功能的中介服务机构作为重点发展对象，强化监管力度，提高行业自律意识，不断规范中介执业行为。制定并出台促进金融创新发展的政策，形成以市场需求为导向、金融市场和金融企业为主体的金融创新机制。

二、产业平台

（1）从战略高度抓好信息服务平台建设。

国家依法合规开放相关的信息资源，在保障信息安全的前提下，实现数据共享。将国家的数据共享交换平台体系作为依托，推动构建完善的金融、税务、市场监管、社保、海关、司法等大数据服务平台，实现跨层级跨部门跨地域的互联互通。建立健全金融机构与物流企业信息对接机制，确保资金供需双方通过线上方式实现高效对接。鼓励各类信用服务机构的发展，支持各机构进行信用服务产品的开发和创新活动。支持各机构利用公共信息为物流企业提供信用产品及服务。

（2）主动有序扩大金融业对外开放。

平稳推动人民币国际化和人民币资本项目可兑换。逐步提高证券、基金行业的对内对外开放水平，稳步扩大期货市场对外开放程度；逐步降低外资金融机构准入门槛，鼓励境内金融机构积极融入国际金融市场。继续放宽外资金融机构在股比、设立形式及股东资质等方面的限制，确保已对外宣布的开放措施尽快落地。同时，进一步丰富外汇市场产品，增加外汇市场深度，提升外汇市场参与主体的多样性，降低外汇市场的顺周期性。

（3）规范投融资平台担保行为。

为了进一步规范投融资平台公司的融资担保行为，有效隔离投融资平台公司债务与北京市政府债务的风险关联，除法律法规和国务院另有规定外，市政府及其所属部门、机构和主要依靠财政拨款的经费补助事业单位，均不得以财政性资金、行政事业单位国有资产等，或其他任何直接、间接方式，为投融资平台公司发行债券提供担保或增信。以资产抵（质）押方式为投融资平台公司发债提供增信的，其抵（质）押资产必须是可依法合规变现的非公益性有效资产。

（4）探索数据交易和保护新机制。

借鉴发达国家发展专业化数据交易市场和平台的建设经验，充分利用大数据、区块链、人工智能等先进技术，鼓励设立各种形式的数据交易平台，组建数据交易产业联盟，探索建立数据确权、保护、估值、定价等制度，运用市场机制促进数据流动、共享和开发利用，实现数据价值最大化，持续提高资源配置效率。同时，建立数据分类管理制度，从法律上划清公共数据、商业数据和个人信息的边界，形成公共数据免费开放、商业数据有偿使用、个人信息未经本人许可不得交易的制度。

三、企业发展

（1）改善物流企业融资环境。

加大中央预算内投资、地方政府专项债券对国家物流枢纽、国家骨干冷链物流基地等重大物流基础设施建设的支持力度。引导银行业金融机构加强对物流企业的融资支持，鼓励规范发展供应链金融，依托核心企业加强对上下游小微企业的金融服务。充分发挥全国中小企业融资综合信用服务平台的作用，推广“信易贷”模式。落实授信尽职免责和差异化考核激励政策，明确尽职认定标准和免责条件。

（2）拓展物流企业融资渠道。

支持符合条件的国有企业、金融机构、大型物流企业集团等设立现代物流产业发展投资基金，按照市场化原则运作，加强重要节点物流基础设施建设，支持应用新技术新模式的轻资产物流企业发展。鼓励银行业金融机构开发支持物流业发展的供应链金融产品和融资服务方案，通过完善供应链信息系统的研发工作，实现对供应链上下游客户的内外部信用评级、综合金融服务及系统性风险管理。

（3）提高民营物流企业融资可获得性。

在新发放公司类的贷款中，要进一步提高民营物流企业的贷款比重。在贷款审批过程中，不能设置对民营物流企业的歧视性要求，确保民营物流企业的与国有企业贷款利率和贷款条件在同等条件下保持一致。金融监管部门依照法人机构进行差异化考核，逐步建立既重视贷款户数也重视贷款金额的考核机制。如发现数据造假行为，依法追究相关机构和人员的责任。国有控股大型商业银行要有所作为，发挥引领作用，着重建设普惠金融事业部，将普惠金融领域信贷政策落到实处，建立健全普惠金融业务专项评价机制和绩效考核制度。

（4）增强金融服务物流企业的可持续性。

商业银行应遵循经济金融规律，依法合规经营，科学制订信贷计划，杜绝运动式信贷投放。完善信用风险管控机制，持续提升数据分析、客户信用评级及贷款风险评估能力，强化贷款全生命周期的风险管理，在防范风险的同时，加大对物流企业的扶持力度。严格监管享受优惠政策的低成本资金使用及资金流向，杜绝资金被机构或个人截留、挪用或套利，防范道德风险。此外，需加强金融监管与引导，在支持物流企业发展的同时，有效防范金融风险。

四、技术创新

（1）创新金融服务。

在物流金融、创新创业等领域，支持由社会资本发起并设立多主体、多层级的物流产业投资基金群。支持引导金融机构进行符合生产性服务业特点的金融产品和服务方式创新，支持符合上市条件的企业在境内外证券交易所上市。支持生产性服务业利用各种金融平台规范融资、发展壮大。鼓励京津冀三地实现支付清算、异地存储、信用担保、信贷服务等金融服务业态的同城化。

（2）大力发展直接融资。

依托多层次资本市场体系，拓宽投资项目的融资渠道，盘活存量资产，优化金融资源配置，更好地服务物流企业。结合国有企业改革和混合所有制机制创新，优化物流领域投资项目的直接融资。通过多种方式加大对种子期、初创期企业投资项目的金融支持力度，有针对性地为“双创”项目提供股权、债权及信用贷款等融资综合服务。

（3）建立健全融资租赁服务体系。

大力推广大型制造设备、施工设备、运输工具、生产线等融资租赁服务，鼓励融资租赁企业支持中小微物流企业发展。引导企业利用融资租赁方式，进行设备更新和技术改造。紧密联系产业需求，积极开展租赁业务创新和制度创新，拓展厂商租赁的业务范围。引导融资租赁企业加强与商业银行、保险、信托等金融机构合作，多渠道拓展融资空间，实现规模化经营。加快研究制定融资租赁行业的法律法规。充分发挥行业协会作用，加强信用体系建设和行业自律。建立系统性行业风险防范机制，以及融资租赁业统计制度和评价指标体系。

（4）加快构建更加开放的投融资体制。

创新有利于深化对外合作的投融资机制，加强金融机构间的协调配合，统筹用好各类资金，为国内企业“走出去”和重点合作项目提供更多投融资支持。在宏观和微观审慎管理框架下，稳步放宽境内企业及金融机构的境外融资限制，做好风险规避工作。完善境外发债备案制度，助力募集低成本外汇资金，更好地支持物流企业对外投资项目。同时，加强与国际金融机构的多层次投融资合作。

第三节　物流产业营商环境

一、诚信体系建设

（1）夯实诚信建设基础。

健全社会信用信息收集机制，加快全社会信用信息系统的建设，推动落实统一社会信用代码制度，在重点领域严格执行个人实名登记规定，依法合规、准确高效地记录和留存全社会信用主体的信用信息。改进社会信用信息共享应用的机制，延伸公共信用信息服务平台的功能，实现与全国信用信息共享平台的数据共享。健全社会信用信息公开机制，支持社会各机构利用大数据进行舆情监测，及时发布各行业各领域信用分析报告和诚信评价结果。完善信用信息应用的追踪、监测、统计、评估机制，并建立相应的监督、考核、追责制度。

（2）强化诚信行为激励。

对社会上的诚信代表和连续 3 年没有不良信用记录的主体，结合实际情况可以实施“绿色通道”和“容缺受理”等一系列便利措施。指导征信机构加强对市场主体正面信息的收集力度，并将其纳入信用记录和信用报告中。在一些诚信问题较为集中的行业领域，加大对守信者激励性评分的比重。鼓励金融、商业销售等市场服务机构以市场主体的信用信息、信用积分和信用评价结果作为评估依据。支持各行业协会、商会等社会性组织加大对诚信典型“红名单”中的企业和人员的扶持力度，免费为其提供市场宣传、业务拓展、职业发展等方面的帮助。充分发挥舆论导向作用，大力挖掘诚信人物、诚信企业、诚信群体等正面典型，大力宣扬各类诚信典型事迹，在全社会营造褒扬诚信行为的良好氛围。

（3）加大失信行为惩戒力度。

把严重失信主体列为严格的监督管理对象，依法合规采取行政性限制和惩戒措施，在日常监管中加大随机抽查比例和次数，严格进行行政许可审批项目的审核，严格控制发放生产许可证。监督有关企业和个人履行法律规定的义务，对有能力履行但拒绝履行的严重失信主体，在高消费行为方面进行限制。指导行业协会、商会建立健全行业内部信用信息采集和共享机制，把严重失信行为纳入企业信用档案。最大限度发挥新闻媒体等社会舆论作用，加大对社会影响恶劣、情节严重失信行为的曝光力度。完善失信行为举报制度，鼓励社会群众积极检举揭发各项严重失信行为，严格保密举报人的各项信息。

（4）建立信用联合奖惩制度。

建立健全信用联合奖惩措施清单制度。信用联合奖惩措施分为强制性措施和推荐性措施：前者指依法必须联合执行的激励与惩戒措施；后者是由各参与方推荐、符合褒扬诚信与惩戒失信政策导向，且可结合实际情况执行的措施。完善信用红黑名单制度，健全诚信典型“红名单”和严重失信主体“黑名单”制度，制定明确可执行的红黑名单认定标准，对红黑名单信息实施动态更新，并依法合规为信用红黑名单发布构建协同奖惩机制。同时，完善权益保护和信用修复机制，由惩戒发起部门和实施部门依据相关法律法规及政策规定，明确不同失信行为的联合惩戒期限。

二、土地政策支持

（1）加强对物流发展的规划和用地支持。

在制定土地利用总体规划、城市总体规划时，全面考虑物流发展用地需求，综合考虑物流及其相关的配套设施用地选址和布局，在多种运输方式衔接处、产业集聚区等物流集散地布局和完善一批物流园区、配送中心等设施，保证规划和物流用地落到实处，不得随意变更规划及用途。重点保障纳入国家和省级示范的物流园区新增物流仓储用地需求。鼓励以“先租后让”“租让结合”等多种方式满足物流企业对土地的需求。支持利用工业企业旧厂房、仓库和存量土地资源建设物流设施或提供物流服务，如果涉及原划拨土地使用权转让或租赁，经批准后可采取协议方式办理土地有偿使用手续。各地政府要研究建立重点物流基础设施建设用地审批绿色通道，提高审批效率。

（2）切实保障全市物流用地规模。

积极争取将本市发展基础较好的物流园区纳入国家物流园区发展专项规划，在用地上给予重点保障。对于重点物流项目用地，在全市土地利用总体规划修编时统筹安排；涉及农用地转用的，可在土地利用年度计划中优先安排；未经批准不得擅自改变物流用地性质。

大力支持通过系统性改造工业企业闲置旧厂房、老旧仓库，以及科学盘活存量土地资源等方式，建设标准化物流仓储设施、区域分拨中心或提供仓储管理、货物中转等专业化物流服务。同时，积极支持建设集智能存储、自动化分拣、信息化管理于一体的现代化立体仓库，充分利用土地资源，最大限度提高土地使用效率。

（3）完善物流用地考核。

对于由国家及有关部门、省（自治区、直辖市）确定的北京市国家物流枢纽、铁路专用线、冷链物流设施等重大物流基础设施项目，需持续优化物流用地考核方式。指导北京市政府不断完善物流用地绩效考核指标；在符合规划且不改变土地用途的前提下，若通过建设仓储、分拨转运等物流设施，有助于提高自有工业用地或仓储用地的使用率与容积率，不再增收土地价款。

（4）创新物流用地新模式。

确保城市物流发展规划与国土空间规划相衔接。引导地方政府加大土地政策支持力度，支持其通过有效载体和多种渠道整合盘活存量闲置土地资源，用于物流用途。创新并完善新型物流用地供应保障模式：由政府负责土地平整及道路、管网等基础设施建设，企业负责经营性物流基础设施建设，同时明确土地的物流用途并用于长期租赁。

三、税收政策优惠

（1）落实物流领域税费优惠政策。

严格落实大宗商品仓储用地城镇土地使用税减半征收等物流领域减税降费政策，确保物流企业大宗商品仓储设施用地相关税收优惠应享尽享、全面落地。结合增值税立法推进节奏，统筹研究统一物流各环节增值税税率，进一步简化税制、减轻企业负担。同时，持续加大工作力度，优化交通运输业个体纳税人异地代开增值税发票管理制度，提升服务便利度。

（2）降低公路通行成本。

结合收费公路制度改革深化进程，全面落实高速公路差异化收费政策，在拥堵路段、高峰时段科学引导车辆分流，提升通行效率。加快推进高速公路电子不停车快捷收费改革，确保取消高速公路省界收费站后路网运行安全顺畅，且不增加货车总体通行费用。支持有条件的地方政府回购经营性普通收费公路收费权，对通行车辆免收通行费。同时，严格执行鲜活农产品运输“绿色通道”政策，切实降低冷鲜猪肉等鲜活农产品运输成本。

（3）降低铁路航空货运收费。

简化铁路货运杂费收费项目，科学制定运杂费迟交金收取标准，严格落实货物运输变更手续费取消政策。全面推广大宗货物“一口价”运输。同时，从严执行铁路专用线领域收费目录清单及公示制度，清理目录清单外的收费项目，以及地方政府附加收费、专用线产权或经营单位的不合理收费等。健全铁路专用线服务价格行为规则，规范铁路专用线、自备车维修服务等收费行为，进一步降低收费标准，严禁通过提高或变相提高其他收费冲销、抵免降费效果。推动中欧班列高质量发展，优化运输组织，进一步整合资源、推进“中转集散”，严格管控不良竞争行为，持续降低运行成本。此外，将机场货站运抵费纳入货物处理费统一核算。

（4）规范海运口岸收费。

进一步降低港口、检验检疫等领域收费标准。深入清理整顿海运口岸收费项目，对现有收费项目实施精简或合并，优化海运口岸收费目录清单并建立动态管理机制，坚决杜绝清单外收费项目。同步降低政府定价的港口收费标准。依法规范港口企业和船公司的收费行为，着力降低集装箱进出口常规收费水平。

四、基础保障政策

（1）推进工作机制与制度创新。

深化物流行业管理体制机制改革，以转变政府职能为核心，提升政府服务水平，着力解决发展中的突出问题，提高物流业发展质量与效益。完善部门协调工作机制，明确权责划分，科学制订工作计划，推动重点工程落地建设。加强与津冀两地政府层面的联动，促进三地物流业发展政策协同；同时，对接津冀两地对口工作机构，建立健全物流业协同发展工作机制。

（2）完善法治化营商环境。

完善物流业相关法律法规、标准及信用等制度体系，遏制低水平无序竞争。支持企业通过资源整合、协作联动等方式，提高物流市场标准化与集约化运作水平。强化物流市场监管，提升监管执法效能，依法规范市场主体行为，加快法治市场建设，确保物流市场健康有序发展。优化物流行业协会管理体制和运行机制，促进政府与物流行业协会建立良性合作关系。鼓励行业协会参与行业标准制定与推广，提升物流行业服务管理水平，充分发挥其在行业自律、行业服务、诉求反映等方面的作用。

（3）落实城市物流节点网络布局。

全面规划城市物流节点的功能定位与空间布局，在此基础上合理调整优化城市物流节点网络。同时，要优先保障物流节点设施的用地需求，在城市国土空间规划中预留充足的物流发展空间，通过优化用地审批流程、落实相关用地优惠政策，为物流节点建设提供稳定的空间支撑。此外，应鼓励相关部门及各区主动整合社区便利店、楼宇服务中心、学校后勤服务点等末端便民设施资源，将末端配送功能有机嵌入现有公共服务空间；制定针对性政策措施，支持智能快件箱、社区驿站、移动配送点等多种形式末端配送网点建设，重点向老旧小区、郊区新城等覆盖薄弱区域延伸，逐步扩大城市内部末端配送网点的覆盖范围，打造高效运转的城市物流网络体系。

（4）加大对重点项目的政策支持力度。

对关系民生的城市保障型物流设施、物流公共基础设施，以及物流产业结构升级、信息化与集约化示范等重点项目，需制定专项支持政策并给予针对性资金扶持。同时拓宽物流企业投融资渠道，引导社会资金有序流向物流行业；鼓励金融机构、融资性担保机构为物流企业提供针对性融资服务，为重点项目建设开辟融资绿色通道，以更便利的融资支持和更优质的服务，为物流企业营造良好的融资环境。

（5）落实规划监督考评。

建立健全监督评估机制，科学制定考核评价指标，确保评估考核全面且贴合物流业发展实际。同时，强化绩效考核的刚性约束，对重点工程和拟建项目实行全流程跟踪管理。此外，鼓励社会公众广泛参与监督与评估，形成“政府主导、社会协同”的监督与评估格局。

参考文献

[1] 杨丹辉，戴魁早，赵西三，等．推动中国全产业链优化升级［J］．区域经济评论，2021（2）：5-16.

[2] 荣晨，盛朝迅，易宇，等．国内大循环的突出堵点和应对举措研究［J］．宏观经济研究，2021（1）：5-18，78.

[3] 盛朝迅．新发展格局下推动产业链供应链安全稳定发展的思路与策略［J］．改革，2021（2）：1-13.

[4] 李芏巍，杨倩，甘盖凡，等．新基建战略下国家物流枢纽及重要物流基础设施发展机遇研究［J］．供应链管理，2020，1（10）：99-115.

[5] 贺登才．“两业”一体化 助力“双循环”［J］．中国物流与采购，2020（18）：25-26.

[6] 王继祥．新基建推动的创新方向与智慧物流创新模式［J］．物流技术与应用，2020，25（8）：56-57.

[7] 李铖钰．快递公司与地铁协同配送快件的路径优化研究［D］．大连：大连海事大学，2020.

[8] 李芏巍，杨倩，许行，等．生产服务型国家物流枢纽：概念、特征及其在全球供应链中的地位［J］．供应链管理，2020，1（3）：92-106.

[9] 张利，赵守香，张铎．我国多式联运存在问题及发展策略［J］．现代管理科学，2020（2）：62-64.

[10] 赵明亮，刘芳毅，张远馨，等．“一带一路”倡议与中国区域物流中心建设［J］．经济动态与评论，2019（1）：104-118，209-210.

[11] 赵松岭，陈镜宇．构建城乡高效配送体系［J］．人民论坛，2019（17）：88-89.

[12] 曹云，孙彬，徐春．新时代激发物流业创新活力的有效途径研究

[J]. 技术经济与管理研究，2019（5）：123-128.

[13] 孔蕾．基于云制造的供应链协同化物流平台框架研究［D］．包头：内蒙古科技大学，2019.

[14] 樊俊杰．城市物流产业集群生态系统演化及评价研究［D］．北京：北京交通大学，2018.

[15] 丁俊发．改革开放 40 年中国物流业发展与展望［J］. 中国流通经济，2018，32（4）：3-17.

[16] 何黎明．依托“互联网+”打造物流行业发展新动力［J］. 物流技术与应用，2016，21（12）：64-65.

[17] 喜崇彬．我国城市末端物流的现状及趋势［J］. 物流技术与应用，2016，21（9）：99-101.

[18] 王东方．中国城市物流发展空间结构演化与机理研究［D］．西安：长安大学，2019.

[19] 刘怡君，彭频．发达国家共同配送政策措施和发展模式分析与借鉴［J］. 企业经济，2015，34（3）：175-178.

[20] 贾鹏，吴寄石，李海江，等．中国物流枢纽承载城市货运网络时空演化及驱动机制［J］. 地理科学，2021，41（5）：759-767.

[21] 邱莹，施先亮，马依彤，等．北京市食品冷链物流时空分布特征及变迁［J］. 地域研究与开发，2018，37（4）：32-36.

[22] 周睿全．基于孟菲斯经验的鄂州国际物流核心枢纽建设研究［J］. 全国流通经济，2018（31）：31-32.

[23] 梁晶．借鉴孟菲斯航空物流发展经验加快我国航空快递业发展［J］. 港口经济，2014（6）：46-49.

[24] 孙春晓，裴小忠，刘程军，等．中国城市物流创新的空间网络特征及驱动机制［J］. 地理研究，2021，40（5）：1354-1371.

[25] 李南．日本物流共同化理论与实践［J］. 中国流通经济，2019，33（11）：27-39.

[26] 杨丽华．“三位一体”农产品物流发展模式研究——以日本农产品物流为例［J］. 商业经济研究，2018（16）：95-98.

[27] 罗本成．鹿特丹智慧港口建设发展模式与经验借鉴［J］. 中国港

口，2019（1）：20-23.

［28］邓春，翟羽．欧亚典型港口经济发展经验与模式分析——以鹿特丹港、新加坡港和台湾港口为例［J］．产业与科技论坛，2017，16（18）：89-90.

［29］彭勇，柳冬，周欣．典型枢纽城市发展经验对重庆的启示［J］．重庆交通大学学报（社会科学版），2021，21（2）：46-54.

［30］张建斌，张雅薇，袁强．中欧班列节点城市物流经济发展测度与空间联系［J］．商业经济研究，2021（1）：106-109.

［31］蒋随．我国“一带一路”节点城市物流效率评价与提升策略［J］．商业经济研究，2020（15）：90-93.

［32］王东方，董千里．中国城市物流发展空间结构演化及影响因素［J］．北京交通大学学报（社会科学版），2019，18（4）：125-139.

［33］殷于博．中国城市物流的空间结构演化及影响因素研究［D］．沈阳：辽宁大学，2020.

［34］张林，姚进才，王钦，等．发展物流产业助推区域经济增长的协同凝聚研究——基于国家物流枢纽城市面板数据［J］．城市发展研究，2021，28（5）：1-6.

［35］周广亮，吴明．中原城市群物流业发展水平时空分异及影响因素分析［J］．河南理工大学学报（自然科学版），2021，40（5）：90-98.

［36］张艳艳．北京市城市物流节点空间演化及趋势研究［D］．北京：北京交通大学，2017.

［37］成园．物流枢纽串联“国内大循环、国际国内双循环”［J］．中国对外贸易，2021（4）：42-43.

［38］魏际刚．中国物流业发展的现状、问题与趋势［J］．北京交通大学学报（社会科学版），2019，18（1）：1-9.

［39］任俊宇．创新城区的机制、模式与空间组织研究［D］．北京：清华大学，2018.

［40］陈理．深刻理解把握我国进入新发展阶段的重要依据［J］．中共党史研究，2020（6）：5-16.

［41］刘伟．加快构建大循环、双循环物流供应链体系对策建议［J］．中国经贸导刊，2020（18）：38-41.

［42］杨守德．技术创新驱动中国物流业跨越式高质量发展研究［J］．中国流通经济，2019，33（3）：62-70.

［43］杨明，杨鑫，马明勇．互联网视角下供应链金融的新发展［J］．金融发展研究，2021（2）：73-79.

［44］刘瑞，戴伟，李震．降低流通成本　畅通国民经济循环［J］．上海经济研究，2021（2）：25-35.

［45］赵峭含，潘勇．我国跨境电子商务政策分析：2012—2020［J］．中国流通经济，2021，35（1）：47-59.

［46］赵旭，汪永，胡斌．电商平台自建物流与第三方物流企业间的协同配送机制研究［J］．系统工程，2019，37（2）：81-90.

［47］王飞．区块链技术与促进我国跨境电商发展的新思路研究［J］．理论月刊，2019（3）：117-122.

［48］齐长安．都市圈城市物流网络空间优化——以京津冀地区为例［J］．商业经济研究，2020（22）：109-112.

［49］何黎明．我国物流业 2019 年发展回顾与 2020 年展望［J］．中国流通经济，2020，34（5）：3-7.

［50］陈春明，陈佳馨，谷君．我国制造业与物流业联动发展的演化研究［J］．山东大学学报（哲学社会科学版），2020（2）：73-81.

［51］喜崇彬．国家物流枢纽项目信息化建设及智能物流技术应用分析［J］．物流技术与应用，2020，25（7）：112-114.

［52］何玲辉．基于农产品电子商务的杭州智慧物流体系构建策略［J］．物流科技，2016，39（1）：47-49.

［53］沈巍，张倩玉．京津冀区域电动物流车配送现状及问题分析［J］．物流工程与管理，2018，40（10）：84-88.

［54］张绍乐．河南自贸区建设面临的新形势及对策建议［J］．黄河科技大学学报，2018，20（2）：61-71.

［55］刘宁，左雷，牛秀明，等．孝感市物流园区发展中的问题和对策［J］．物流技术，2020，39（10）：23-26.

［56］周正宇．构建“四纵、四横、一环”综合运输大通道［J］．中国公路，2017（14）：16-17.

［57］朱贝特．上半年物流“黑科技”十大事件［J］．中国物流与采购，2019（15）：29-30.

［58］张勇．供给侧改革视域下河北省“互联网+商贸物流”产业融合创新发展研究［J］．唐山师范学院学报，2019，41（6）：147-152.

［59］刘颖琦．全球无人配送产业全景及中国未来发展［J］．运输经理世界，2020（2）：64-69.

［60］朱光辉，赵衍维．区块链技术在物流领域的应用与发展［J］．苏州科技大学学报（工程技术版），2020，33（S1）：34-35.

［61］张焱，苑春荟，吴江．5G背景下我国物流产业创新生态系统构建与演化研究［J］．科学管理研究，2020，38（1）：62-70.

［62］余积明．自动驾驶汽车产业治理的框架和要点［J］．行政法学研究，2019（2）：114-125.

［63］杨平．大力加强自主创新能力建设的着力点［J］．科技创业月刊，2006（3）：14-16.

［64］刘文杰．对交通新型基础设施建设的几点认识［J］．中国公路，2020（13）：30-33.

［65］白秋颖，高岩．基于公共突发事件的区域应急物流体系优化建议［J］．中国储运，2021（3）：140-141.

［66］贺登才．物流降本要切实增强行业企业“获得感”［J］．中国远洋海运，2020（7）：2.

［67］肖建辉．粤港澳大湾区物流业高质量发展的路径［J］．中国流通经济，2020，34（3）：66-81.

［68］蔡绍洪，朱敏龄，魏文云．绿色物流产业组织模式及运行机制——以虚拟产业集群为研究视角［J］．商业经济研究，2017（6）：84-85.

［69］赵栋强．互联网背景下城乡物流一体化模式构建［J］．商业经济研究，2020（17）：93-96.

［70］张林，姚进才，王钦，等．发展物流产业助推区域经济增长的协同凝聚研究——基于国家物流枢纽城市面板数据［J］．城市发展研究，2021，28（5）：1-6.

［71］苏欣．绿色供应链视角下的我国物流企业创新发展路径探讨［J］．

商业经济研究，2021（8）：110－113.

［72］何黎明．我国物流业2020年发展回顾与2021年展望［J］．中国流通经济，2021，35（3）：3－8.

［73］刘维华．现代物流企业战略发展问题研究［J］．商业经济研究，2021（1）：131－133.

［74］杨延海．我国智慧物流产业发展体系与对策研究［J］．技术经济与管理研究，2020（11）：98－102.

［75］蒋树雷，张臻．数字经济发展与物流业产业升级——基于创新机制的检验［J］．商业经济研究，2020（22）：84－87.

［76］郑琰，黄兴，潘颖．城市应急物流中心多目标选址模型及方法研究［J］．重庆理工大学学报（自然科学），2020，34（6）：239－246.

［77］赵建有，韩万里，郑文捷，等．重大突发公共卫生事件下城市应急医疗物资配送［J］．交通运输工程学报，2020，20（3）：168－177.

［78］陈豪．城市智慧物流建设的动因及其绿色减排效应研究［J］．商业经济研究，2020（20）：108－111.

［79］钱七虎．利用地下空间助力发展绿色建筑与绿色城市［J］．隧道建设（中英文），2019，39（11）：1737－1747.

［80］杨海涛．关于天津市绿色物流体系建设方案研究［J］．铁道运输与经济，2019，41（7）：1－7.

［81］刘建仁．考虑交通拥堵的城市物流配送路径规划研究［J］．现代电子技术，2020，43（23）：116－119，123.

［82］刘成清，胡大伟，黄榕．基于路径灵活性的两阶段开放式低碳选址－路径问题［J］．科学技术与工程，2020，20（17）：7080－7087.

［83］张晓波，翁启伟．互联网时代城市物流配送的安全发展环境探索——评《互联网环境下的城市物流配送》［J］．林产工业，2020，57（4）：117.